中国社会科学院国情调研特大项目"精准扶贫精准脱贫百村调研"

精准扶贫精准脱贫百村调研丛书

CASE STUDIES OF TARGETED POVERTY REDUCTION AND
ALLEVIATION IN 100 VILLAGES

李培林／主编

精准扶贫精准脱贫
百村调研·老庄村卷

欠发达地区应对气候贫困挑战

郑 艳 林陈贞／著

社会科学文献出版社
SOCIAL SCIENCES ACADEMIC PRESS (CHINA)

中国社会科学院国情调研特大项目
"精准扶贫精准脱贫百村调研"
项目协调办公室

主　任：王子豪
成　员：檀学文　刁鹏飞　闫　珺　田　甜　曲海燕

总　序

调查研究是党的优良传统和作风。在党中央领导下，中国社会科学院一贯秉持理论联系实际的学风，并具有开展国情调研的深厚传统。1988 年，中国社会科学院与全国社会科学界一起开展了百县市经济社会调查，并被列为"七五"和"八五"国家哲学社会科学重点课题，出版了《中国国情丛书——百县市经济社会调查》。1998 年，国情调研视野从中观走向微观，由国家社科基金批准百村经济社会调查"九五"重点项目，出版了《中国国情丛书——百村经济社会调查》。2006 年，中国社会科学院全面启动国情调研工作，先后组织实施了 1000 余项国情调研项目，与地方合作设立院级国情调研基地 12 个、所级国情调研基地 59 个。国情调研很好地践行了理论联系实际、实践是检验真理的唯一标准的马克思主义认识论和学风，为发挥中国社会科学院思想库和智囊团作用做出了重要贡献。

党的十八大以来，在全面建成小康社会目标指引下，中央提出了到 2020 年实现我国现行标准下农村贫困人口脱贫、贫困县全部"摘帽"、解决区域性整体贫困的脱贫攻坚目标。中国的减贫成就举世瞩目，如此宏大的脱贫目标世所罕见。到2020年实现全面精准脱贫是党的十九大提出的三大攻坚战之一，是重大的社会目标和政治任务，中国的贫困地区在此期间也将发生翻天覆地的变化，而变化的过程注定不会一帆风顺或云淡风轻。记录这个伟大的过程，总结解决这个世界性难题的经验，为完成这个攻坚战献计献策，是社会科学工作者应有的责任担当。

2016年，中国社会科学院根据中央做出的"打赢脱贫攻坚战"战略部署，决定设立"精准扶贫精准脱贫百村调研"国情调研特大项目，集中优势人力、物力，以精准扶贫为主题，集中两年时间，开展贫困村百村调研。"精准扶贫精准脱贫百村调研"是中国社会科学院国情调研重大工程，有统一的样本村选择标准和广泛的地域分布，有明确的调研目标和统一的调研进度安排。调研的104个样本村，西部、中部和东部地区的比例分别为57%、27%和16%，对民族地区、边境地区、片区、深度贫困地区都有专门的考虑，有望对全国贫困村有基本的代表性，对当前中国农村贫困状况和减贫、发展状况有一个横断面式的全景展示。

在以习近平同志为核心的党中央坚强领导下，党的十八大以来的中国特色社会主义实践引导中国进入中国特色社会主义新时代，我国经济社会格局正在发生深刻变化，脱贫攻坚行动顺利推进，每年实现贫困人口脱贫1000多万人，贫困人口从2012年的9899万人减少到2017年的3046万人，在较短时间内实现了贫困村面貌的巨大改观。中国社会科学院组建了一百支调研团队，动员了不少于 500 名科研人员的调研队伍，付出了不少于 3000 个工作日，用脚步、笔尖和镜头记录了百余个贫困村在近年来发生的巨大变化。

根据规划，每个贫困村子课题组不仅要为总课题组提供数据，还要撰写和出版村庄调研报告，这就是呈现在读者面前的"精准扶贫精准脱贫百村调研丛书"。为了达到了解国情的基本目的，总课题组拟定了调研提纲和问卷，要求各村调研都要执行基本的"规定动作"和因村而异的"自选动作"，了解和写出每个村的特色，写出脱贫路上的风采以及荆棘！对每部报告我们都组织了专家评审，由作者根据修改意见进行修改，直到达到出版要求。我们希望，这套丛书的出版能为脱贫攻坚大业写下浓重的一笔。

中共十九大的胜利召开，确立习近平新时代中国特色社会主义思想作为各项工作的指导思想，宣告中国特色社会主义进入新时代，中央做出了社会主要矛盾转化的重大判断。从现在起到 2020 年，既是全面建成小康社会的决胜期，也是迈向第二个百年奋斗目标的历史交会期。在此期间，国家强调坚决打好防范化解重大风险、精准脱贫、污染防治三大攻坚战。2018 年春节前夕，习近平总书记到深度贫困的四川凉山地区考察，就打好精准脱贫攻坚战提出八条要求，并通过脱贫攻坚三年行动计划加以推进。与此同时，为应对我国乡村发展不平衡不充分尤其突出的问题，国家适时启动了乡村振兴战略，要求到 2020 年乡村振兴取得重要进展，做好实施乡村振兴战略与打好精准脱贫攻坚战的有机衔接。通过调研，我们也发现，很多地方已经在实际工作中将脱贫攻坚与美丽乡村建设、城乡发展一体化结合在一起开展。可以预见，贫困地区的脱贫攻坚将不再只局限于贫困户脱贫，我们有充分的信心从贫困村发展看到乡村振兴的曙光和未来。

是为序！

全国人民代表大会社会建设委员会副主任委员

中国社会科学院副院长、学部委员

2018 年 10 月

前　言

　　气候变化不仅是环境问题，更是发展问题。气候变化与贫困是 21 世纪人类社会面临的重大挑战。贫困受到社会、经济、制度、文化、政治等多重驱动因子的影响，气候变化所引发和加剧的贫困现象被称为"气候贫困"。这一概念由乐施会在 2007 年率先提出之后，引起了国内外的广泛关注。气候变化对贫困的影响具有双重效应，一是加剧现有贫困人口的贫困程度，二是增加了新的贫困人口数量。在中国，气候变化直接和间接加剧贫困，成为贫困地区致贫甚至返贫的重要原因。国际社会已达成共识：发展是最好的减贫政策。2015 年以来，在全球可持续发展议程的推动下，应对气候变化的影响被纳入减贫议题和目标之中。

　　应对气候贫困是一个复杂而艰巨的系统性挑战。我国的气候贫困问题受到气候变化、社会经济发展、城市化进程等多重复杂因素的影响，导致中国的气候贫困问题具有不同于国际社会的一些独特性、复杂性。应对气候贫困具有诸多现实挑战：一是气候贫困类型多样、分布范围广，应对难度大；二是中国减贫工作进入攻坚阶段，针对"气候贫困"的精准扶贫难度大；三是气候贫困政策亟须理论和方法学支持；四是城镇化进程加剧了应对气候贫困风险的难度和复杂性。未来三十年是我国城镇化和工业化的持续、快速提升时期，各种人为与自然灾害风险将伴随着社会经济的发展进程，迫切需要协同适应气候变化和可持续发展。对此，需要充分借鉴国际社会的经验，推动我国减贫工作的理念转型，在精准扶贫、气候变化、防灾减灾等规划项目中加强政策协同，开展试点示范和实践创新。

《中国农村扶贫开发纲要（2011--2020年）》提出要把交通条件和发展相对落后的连片特困区作为新时期扶贫开发主战场。2015年11月，习近平总书记在中央扶贫开发工作会议上指出："消除贫困、改善民生、逐步实现共同富裕，是社会主义的本质要求，是我们党的重要使命。"[1]他还说过："没有农村的小康，特别是没有贫困地区的小康，就没有全面建成小康社会。"[2]中国承诺到2020年实现农村贫困人口全部脱贫，既是全面建成小康社会的必要条件，也是落实联合国《2030年可持续发展议程》的重要一步。中国的减贫工作已经进入攻坚阶段，面临诸多挑战，包括城镇化提升、推动西部大开发、落实生态文明转型、履行国际气候变化减排义务等。作为扶贫开发主战场，中国的14个连片特困地区大多是气候变化和贫困问题交互影响的气候贫困地区，它们是应对气候变化和精准扶贫的重中之重。在中西部地区未来城镇化提升进程中，既

---

[1] 《习近平谈治国理政》第2卷，人民出版社，2017，第83页。
[2] 《习近平谈治国理政》，外文出版社，2014，第189页。

要实现农民向市民的转变，也要密切关注气候贫困地区的城市化。在中国背景下，气候贫困具有许多不同于国际社会的问题和特点，深入梳理国内外的气候贫困现状、问题和经验，对于中国减贫战略的精准落实具有重要的决策参考意义。

中国老少边穷连片特困区是气候贫困高发区域，其中，最脆弱区域集中于农林农牧交错区域，森林与沙漠、石漠化过渡地带，森林与农地交错地带等生态脆弱区域。气候变化会加剧这些生态敏感地区的脆弱性，削弱这些地区的发展和减贫效果。干旱地区是全球贫困人口最集中的区域，具有典型的气候与贫困重点影响特征。对此，子课题调研村选择了位于中国西部干旱和半干旱地带、农牧交错带的甘肃省临洮县老庄村，该村位于海拔2000多米、年平均降雨量仅为400~450毫米的干旱山区，交通不便，生态环境脆弱，自然条件恶劣，基本靠天吃饭。全村贫困户及低保户占近半数，由于普遍贫困化、生计来源有限，许多家庭依靠自力无法脱贫，长期陷入贫困陷阱。2014年人均纯收入4351元。受自然条件影响，农户收入水平低，增收渠道窄，文化教育水平落后，基础设施薄弱，人居环境差。在城镇化和新农村建设的驱动下，随着外出务工人员及外迁户增多，村庄人口不断下降、老病贫困人口集中，扶贫脱贫压力大。近年来极端天气事件（旱灾、冰雹、冷害等）增多也给山村的农业生计造成很大威胁。这些因素共同加剧了调研村的普遍贫困、贫困陷阱状况。对此，本课题组在地方各级政府的支持下，2年间3次赴老庄村开展社会调查，深入了解村情民情，开展了一系列研究，发掘出许多有价值的信息。

本书内容包括九章。第一章是气候贫困的基本概念及国内外现状，分析、梳理了国际社会在气候变化与贫困领域的最新认识、研究视角及可资借鉴的国际经验，以及中国气候贫困的类型、地区分布及国内外实践进展等。第二章到第八章是本书的重点部分，着重介绍了课题组在调研村开展的各项调研工作，包括：①调研村的基本情况及贫困现状；②农户问卷及村问卷的统计数据及其分析；③各级政府、社会组织在调研村实施的扶贫机制、政策和项目情况，其中包括地方政府实施的精准扶贫项目，甘肃省临洮县洮阳镇老庄村"低碳式气候变化适应与扶贫综合发展计划"农村社区试点项目（简称LAPA农村社区试点项目）；④精准扶贫效果的评估分析；⑤气候变化背景下的农户贫困脆弱性分析；⑥气候变化与居民健康调研，及地方应对气候贫困的行动和建议等。依据对老庄村这一典型案例的深入剖析，本书第九章将研究视野拓展到其他中国欠发达地区，指出气候变化将削弱扶贫的努力与成效，必须给予高度重视，加强各部门的政策协同，并结合国际经验、中国现实需求提出了应对气候贫困的政策建议。

本书主要执笔作者为中国社会科学院郑艳研究员、中国社会科学院大学（研究生院）林陈贞。第一章、第九章郑艳执笔；第二章、第三章、第五章的社会调查问卷统计与分析部分由林陈贞负责，郑艳执笔；第四章由郑艳执笔，临洮县洮阳镇政府、老庄村村委会提供了最新的地方扶贫数据和资料；第六章的气候贫困问卷设计、调研及结果分析由郑艳完成和执笔；第七章为 LAPA 项目资料；第八章由郑艳执笔。此外，郑艳负责了统稿和文字校对工作。

　　本书可以为我国扶贫政策制定者、关注气候贫困的学者和农村发展项目管理者提供案例和研究参考。

目 录

第一章

气候贫困：概念、机制及
国内外现状

气候变化风险与社会经济结构共同构成对于贫困群体生计的威胁。气候变化意味着气温、降水等气候要素的平均值发生变化，这将影响农业生产、水资源、生物多样性，危害人类健康。气候极端事件或气候灾害的强度也随气候变化而趋重。同时，气候变化的影响与特定的政策、制度有关。气候贫困镶嵌在特定的社会结构中，这些社会结构因素包括资源获取不足、市场的波动、不稳定的政策、脆弱的基础设施、薄弱的社会保障系统、缺乏规划等。所以，气候贫困理论带来的新的视角，需要放在中国的气候变化特点和社会结构背景下来考察和思索。根据相关文献，我们概括梳理了国内外气候贫困的研究进展，包括气候贫困的概念、形成机制及地区分布等。

第一节　气候变化与贫困的关联机制

　　减缓贫困和应对气候变化都是 21 世纪人类社会面临的重大挑战。气候变化是全球最受关注的环境问题，更是关涉各国长远利益的发展问题。减缓贫困是全球实现可持续发展的首要目标。气候贫困这个衍生概念揭示了气候变化与贫困之间存在着复杂而确定的逻辑关联。尽管国内外学界对这一概念的认识和界定尚未达成一致，但这一议题对国际社会和各国政府应对气候变化、实现减贫等可持续发展目标的重要性已经日益凸显。

一　气候贫困的相关概念

　　"贫困"是一个多维度概念，不仅体现为物质匮乏，也表现为社会经济、心理文化或身份地位上的剥夺感、缺失感和弱势感。[1]贫困分为长期贫困（chronic poverty）和暂时贫困（transient poverty）。最贫困的群体往往陷入长期贫困，难以依靠自己的力量逃离贫困陷阱。"贫困陷阱（Poverty trap）"可以视为某种"最低资产阈值"，低于这一水平的家庭无法成功地实现其教育子女、资本生产和提

---

[1]　IPCC, Climate Change 2014: Impacts, Adaptation, and Vulnerability. Part A: Global and Sectoral Aspects. Contribution of Working Group II to the Fifth Assessment Report of the Intergovernmental Panel on Climate Change［Field, C.B., et al.（eds.）］. Cambridge University Press, 2014.

升经济地位的目标[①]。人均每日消费低于 1.25 美元被认为是陷入贫困陷阱的标准。[②]

贫困脆弱性（vulnerability to poverty）是指易于遭受贫困的潜在特征，是预测贫困人口的重要参考，也称潜在贫困。对全球贫困人口的统计有不同的测度标准，例如世界银行认定的全球贫困人口为 12 亿人，依据国际贫困线（Internaional Poverty Line，IPL），标准是每天消费水平低于 1.25 美元的人口；UNDP 依据多维贫困指数（Multidimensional Poverty Index），以基本服务（教育、健康、生活水平）的缺失、基本能力（core human functionings，如残疾）不足进行综合衡量，测算出全球共有 17 亿贫困人口。[③]

气候变化所引发和加剧的贫困现象被称为"气候贫困"。气候变化会加剧贫困并导致贫困的代际传递效应，削弱发展中国家减缓贫困、实现可持续发展的能力。气候贫困实际上是指"气候变化引发的贫困（Climate Change Induced Poverty）"。[④]

① Carter, M. R. & C. B. Barrett, "The Economics of Poverty Traps and Persistent Poverty: An Asset-based Approach", *Journal of Development Studies*, 2006：42（2）.

② Sachs, J. D., Andrew D. Mellinger and John L. *Gallup the Geography of Poverty and Wealth*, 2001.

③ 郑艳、孟慧新、石尚柏：《气候贫困：气候变化对农村贫困的影响、认知与启示》，乐施会，2017. 本书部分数据资料来源于此。

④ 《"气候贫民"的生存与生活》，http: //discover.news.163.com/09/1210/10/5Q5RU JTU000125LI.html，2009 年 12 月 10 日。

二 气候变化的致贫效应

世界银行报告《气候变化和贫困：一个分析框架》指出，气候变化对贫困的影响具有双重效应，一是加剧现有贫困人口的贫困程度，二是增加新的贫困人口数量（包括大量的城市新贫民）。由于贫困群体常常处于社会经济和市场体系之外，只维持基本生存，因此他们对于市场的参与度和影响微乎其微，贫困加剧导致的社会福利影响常常难以量化体现在GDP等宏观经济指标的变化之中。[1] 这使得许多国家在减贫实践中往往忽视气候贫困问题的严重性及其影响程度。

气候变化对贫困的影响主要从以下三个方面体现：一是气候变化导致气候要素（温光水条件）发生变化，进而增大渐进性气候风险（slow-onset risk），如干旱化、盐碱化、荒漠化、海平面上升、海洋升温，以及环境变化引发的次生地质灾害及病虫害（蝗灾、鼠灾、作物病虫害和家禽家畜病害等）等。二是极端天气气候事件的频率、强度变化增加突发性灾害风险（abrupt risk），如热带气旋、风暴潮、极端降水、河流洪水、热浪与寒潮、干旱等。气候变化的致贫效应主要表现在：干旱地区的生计退化、家庭资产损失、粮食安全问题和灾害，加剧社会弱势群体的长期贫困、劳动生产率下降、人员伤亡、农业产出下降、水资源短缺，等等。[2]

[1] Hallegatte, S., M. Bangalore, L. Bonzanigo, et al., Climate Change and Poverty: An Analytical Framework, Policy Research Working Paper 7126, The World Bank. 2014.

[2] Olsson, L., et al., Livelihoods and Poverty. In: Climate Change 2014: Impacts, Adaptation, and Vulnerability. Part A: Global and Sectoral Aspects. Contribution of Working Group II to the Fifth Assessment Report of the Intergovernmental Panel on Climate Change［Field, C.B.et al.,（eds.）］. Cambridge University Press, 2014.

世界银行报告指出，气候变化是加剧贫困和导致贫困陷阱的重要驱动因素，联合国政府间气候变化专门委员会（简称 IPCC）第五次科学评估报告专门讨论了气候变化引发生计恶化并导致贫困的因果机制[①]。研究表明，人力资本（健康、教育水平）、物质资本（提供衣食住行的基础设施）、自然资本（气候条件、水资源、生态系统服务、土地资源等）等既是影响国家福利的重要因素，也是容易遭受气候变化不利影响的主要领域。按照自然灾害影响的家庭比重来看，欠发达国家贫困家庭的灾害风险暴露度更高[②]。例如，2003~2008 年间，秘鲁平均每年多增加一次灾害导致省级贫困率上升 16%~23%；在墨西哥城市地区，2000~2005 年间，洪水和干旱灾害使得贫困水平上升了 1.5%~3.7%。

三　气候贫困的分析方法

　　随着对气候贫困的认识逐渐深化，国际社会对气候贫困的关注度也在逐渐提升。国内外学界、发展机构对气候变化与贫困议题有两个主要的关注视角：一是从全球或区域可持续发展的宏观视角来看，气候变化通过对农业部门

---

① IPCC, Climate Change 2014: Impacts, Adaptation, and Vulnerability. Part A: Global and Sectoral Aspects. Contribution of Working Group II to the Fifth Assessment Report of the Intergovernmental Panel on Climate Change [Field, C.B., et al. (eds.)]. Cambridge University Press, 2014.
② Stephane Hallegatte, Mook Bangalore, Laura Bonzanigo, et al., Shock Waves: Managing the Impacts of Climate Change on Poverty. Climate Change and Development;. Washington, DC: World Bank, 2016.

造成粮食减产、粮食价格上升等不利影响，加剧粮食市场的波动，影响粮食安全和宏观经济的稳定性。二是从可持续社区的微观视角来看，气候变化加剧以农业、自然资源为生的农业人口的生计压力，导致许多家庭、社区难以逃离"贫困陷阱"。对于社区层面的气候贫困研究，主要是从以下两个视角展开分析。

（一）可持续生计分析

IPCC 对气候贫困的分析借助了常用的"生计（livelihood）"研究，并对生计的几类资本进行了影响分析。生计框架是基于资产的分析框架（asset-based frameworks），其不足在于忽略了生计资本之外的气候脆弱性因素，对气候贫困的结构特征、动态变化、宏观分析等方面的关注较为薄弱。"生计"是指一系列旨在谋生的能力、资产和活动的组合，"可持续生计"是有能力从负面冲击中恢复、保有或提升谋生的能力和资产，并为下一代提供发展机会，从而为其他地区和全球社区的可持续发展做出有益贡献[①]。可持续生计框架是一个兼具理论和实践应用性的新的发展研究范式，于 1990 年代早期由英国国际发展研究所（IDS）提出。这一分析框架也被国际发展机构（如 UNDP）及各国学者广泛应用于农村社区发展、贫困和气候变化等研究领域（见图 1-1）。

---

① Chambers, R. and Conway, G.R. Sustainable Rural Livelihoods: Practical Concepts for the 21st Century, Discussion Paper 296. Brighton, UK: Institute of Development Studies. 1992.

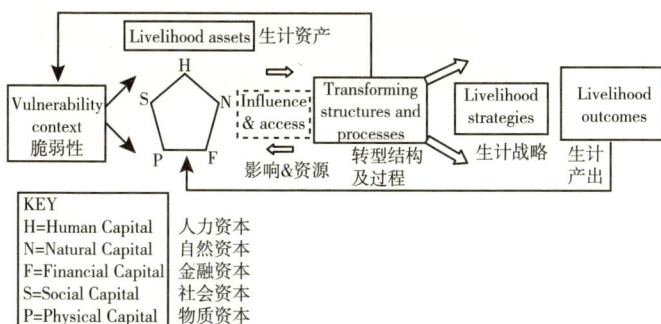

图 1-1　可持续生计框架

（二）气候变化脆弱性分析

贫困是多重脆弱性和不平等因素相互交织的结果。气候变化脆弱性分析用于弥补气候变化影响评估的不足，脆弱性涉及经济、社会、地理、制度、环境、人口统计、社会文化等诸多方面。[①]国内外学者在社区、国家层面开展了许多有关气候变化脆弱性的研究。在脆弱性评估中，一般将脆弱性分为物理脆弱性、生态环境脆弱性、经济脆弱性、人口与社会脆弱性、制度与文化脆弱性等不同维度进行分析和评估。物理脆弱性主要包括水利、道路、通信、电力等基础设施状况；生态环境脆弱性主要包括水资源、土地资源和生物多样性等生态状况；经济脆弱性主要包括收入水平、收入来源等经济状况；人口社会

① IPCC, "Managing the Risks of Extreme Events and Disasters to Advance Climate Change Adaptation. A Special Report of Working Groups I and II of the Intergovernmental Panel on Climate Change". Field, C.B. et al（eds）.Cambridge University Press. 2012.

脆弱性主要包括教育、健康、劳动力、性别等人力状况；文化制度脆弱性主要包括社会资本、社会网络和社会保障等状况。

第二节　气候贫困的国际现状与进展

一　全球贫困的地区分布

全球财富与贫困分布体现出地域分化的特征，发达国家大多位于温带气候适宜地区，而最贫困的国家往往位于气候和贸易条件较差的热带内陆区域。[①] 评估气候变化对贫困的影响，需要充分考虑贫困的地理空间分布及各国的社会安全网体系。从全球贫困的地理分布来看，按照 1.25 美元贫困线，全球约有 70% 的贫困人口居住在发展中国家农村地区。在 1.25~2 美元之间的贫困人口，有 10 亿人分布在中等收入国家，低收入国家有 1700 万人。这些以农业和自然资源为主要谋生手段的地区，是气候变化影响下的高脆弱地区，拥有气候贫困的高发群体。

气候变化对全球各大洲沿海地区、干旱地区、森林地区、

---

① Sachs, J. D., Andrew D. Mellinger and John L., Gallup the Geography of Poverty and Wealth, 2001.

山区、河流湖泊及海洋等不同地区，及从事种植业、林业、渔业、畜牧业等生产方式的农业社区，具有不同的气候风险，并造成不同程度的生计和贫困影响。[1] 气候变化对于处于山区、沿海、干旱半干旱、高寒地带、湿地、草原等敏感生态系统的农业社区的影响最为显著，会削弱其生态服务功能，影响居住在该地区的居民生计。[2] 例如，全球干旱地区所占面积高达全球土地面积的 41.3%，拥有 35.5% 的全球人口，其中绝大部分是贫困人口（见表 1-1）。[3] 约 10 亿居住于干旱地区的人口受制于环境和气候变化灾害风险的不利影响，体现为典型的气候风险 - 贫困关联效应。干旱和半干旱地区的气候风险包括：干旱、沙尘暴、沙丘移动导致的荒漠化、山林和草原野火、黑白灾（中国内蒙古地区和蒙古国草原的冬季雪灾及旱灾）、高温热浪、生物灾害（虫害）等。这些灾害对于严重依赖生态资源和环境的畜牧业地区的影响尤为严重。千年生态系统评估（Millennium Ecosystem Assessment，MA）报告指出，干旱地区发展中国家的人类发展指数及其他发展指标落后于世界平均水平，例如，其婴儿死亡率高出其他地区 23 个百分点。

---

① Stephane Hallegatte, Mook Bangalore, Laura Bonzanigo, et al., Shock Waves: Managing the Impacts of Climate Change on Poverty. Climate Change and Development;. Washington, DC: World Bank, 2016.

② Olsson, L., et al., Livelihoods and Poverty. In: Climate Change 2014: Impacts, Adaptation, and Vulnerability. Part A: Global and Sectoral Aspects. Contribution of Working Group II to the Fifth Assessment Report of the Intergovernmental Panel on Climate Change [Field, C.B.et al., (eds.)]. Cambridge University Press, 2014.

③ Middleton, N.J., T. Sternberg, Climate Hazards in Drylands: A Review, Earth-Science Reviews, 2013 (126): 48 -57

表 1-1　不同国家干旱区域的耕地面积及农村人口比例

国家	国家干旱土地面积占国土面积比重（%）	耕地面积（公顷 / 人）	营养不良比重（%）	农村人口占总人口比重（%）
阿根廷	63	0.77	5	8
澳大利亚	86	2.15	——	11
中国	52	0.08	8	51
印度	69	0.13	47	69
伊朗	90	0.24	11	31
以色列	99	0.04	——	8
哈萨克斯坦	99	1.45	4	46
马里	81	0.43	33	66
墨西哥	69	0.22	8	22
摩洛哥	92	0.25	10	43
南非	99	0.29	12	38
叙利亚	98	0.42	7	44

二　对全球气候贫困的预测

全球贫困分布在国家间和国家内部都存在差异。从全球来看，以全球收入不平等衡量的国家之间的贫困差距呈现不断缩小的趋势，与此同时，一些快速发展中的低收入国家或中等收入国家的国内收入不平等正在逐渐扩大。从不同文献的预测结果来看，气候变化对全球贫困的总体影响不是很大（仅相差十分之一），但是贫困影响的区域分布将有很大差异。[1] 未来气候贫困高风险国家或地区主要集中在非洲和亚洲地区。东亚及加勒比地区由于人口城市

---

[1] Olsson, L., et al., Livelihoods and Poverty. In: Climate Change 2014: Impacts, Adaptation, and Vulnerability. Part A: Global and Sectoral Aspects. Contribution of Working Group II to the Fifth Assessment Report of the Intergovernmental Panel on Climate Change [Field, C.B.et al., (eds.)]. Cambridge University Press, 2014.

化的影响，贫困人口比例呈现减少趋势，但是需要关注从农村地区流动到城市的新移民群体中的气候贫困问题。例如，2008~2015 年，与收入和城市化的贡献相比，中国和印度等国家气候因素对贫困的贡献率占到 50% 左右；到 2050 年，中国沿海地区因为海平面上升导致的贫困风险人口将从 2008 年的 600 万增加到 2200 万。[①]

世界银行报告《大冲击：管理气候变化对贫困的影响》预测了未来全球处于极端贫困线下的农业贫困人口规模，认为气候贫困受农业产出、健康、劳动生产率和灾害等多种因素的共同影响，也取决于各国采取的发展路径。在两种气候变化情景下（高影响和低影响情景），农业产出下降都是气候变化引发贫困的最主要驱动因素。到 2030 年，如果采用有利于减贫的气候适应政策，则气候变化引发的新增贫困人口为 300 万 ~1600 万；未采用则未来新增气候贫困人口将高达 3500 万 ~1.22 亿。[②]

三　国际社会减缓气候贫困的合作机制

减缓全球气候贫困需要国际社会和各国政府的共同努力，对此联合国 2030 可持续发展议程已经将适应和减灾纳入全球减贫的目标之中。世界银行报告《大冲

---

① Wheeler, D., Quantifying Vulnerability to Climate Change: Implications for Adaptation Assistance. CGD Working Paper 240, Center for Global Development (CGD), Washington, DC, USA. 2011.

② Stephane Hallegatte, Mook Bangalore, Laura Bonzanigo, et al., Shock Waves: Managing the Impacts of Climate Change on Poverty. Climate Change and Development;. Washington, DC: World Bank, 2016.

击：管理气候变化对贫困的影响》建议通过气候适应型发展（climate-informed development）和包容性发展（inclusive development）减少未来潜在的气候贫困人口；指出推进低碳发展、气候韧性发展路径（climate resilient pathway），是减缓气候贫困的必由之路。[①] 由于社区和家庭应对气候灾害风险的能力有限，尤其是大规模、影响广泛的极端灾害，因此，有必要加强国家制度环境的能力建设，赋予贫困群体在教育、医疗等社会保障领域的足够支持。同时，积极利用非政府组织等外部资源，与社区自发的适应行动相结合，打破决策的层级限制，整合各方面力量以发挥最大的效果（见图1-2）。[②]

第三节　中国气候贫困的特点及分布状况

减缓贫困是联合国千年发展目标中的首要目标，中国在减少贫困人口方面的成就举世瞩目。过去三十多年来，中国帮助7亿多乡村人口实现脱贫，党的十八大以来，脱贫攻坚战帮助6000多万贫困人口稳定脱贫，2010~2017

① Stephane Hallegatte, Mook Bangalore, Laura Bonzanigo, et al., Shock Waves: Managing the Impacts of Climate Change on Poverty. Climate Change and Development;. Washington, DC: World Bank, 2016.
② Osbahr, H., Chasca Twyman, W. Neil Adger, David S.G. Thomas, Effective Livelihood Adaptation to Climate Change Disturbance: Scale Dimensions of Practice in Mozambique, Geoforum, 2008 (39): 1951-1964.

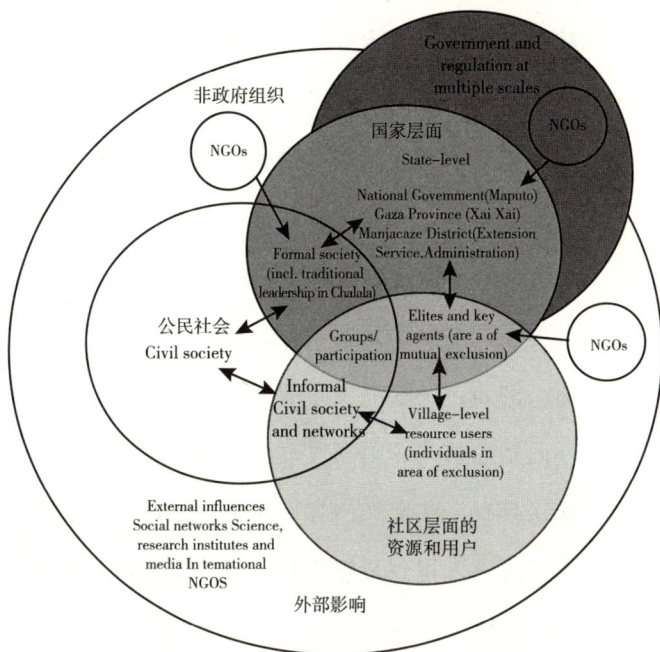

政府及其不同层级的规制

图 1-2　不同主体在适应政策和规划中的作用

资料来源：世界银行报告《大冲击：管理气候变化对贫困的影响》，2016。

年，贫困人口发生率从 2010 年的 17.2%（1.66 亿农村贫困人口）下降到 2017 年底的 3.1%（3046 万人）。[①] 然而，我国贫困人口最集中的老少边穷连片贫困地区也是生态环境脆弱、气候灾害频发的地区，对气候贫困需要给予更多关注。

目前我国农村地区的基础设施和科技力量均比较薄弱，面对自然灾害的抵抗力较弱，迫切需要加强气候防护基础设施投入，提升气候适应能力，包括：社会保障、医

① 《2017 年末全国农村贫困人口减至 3046 万人》，人民网，http：//society.
people.com.cn/n1/2018/0202/c1008-29802293.html。

疗保险、教育和扶贫投入，贫困及高风险地区的基础设施建设和风险预警水平等。从国际经验来看，消除地区之间经济发展水平的差距是非常困难的，而通过恰当的政策手段逐步缩小地区间居民的生活福利水平的差距却是比较现实的。然而，长期以来我国普适性的扶贫政策的体系比较庞大，而专门性政策的数量相对较少，[①] 尤其是对于气候变化引发或加剧的致贫、返贫现象，尚未有足够的认识及考虑。例如，民政部主导的防灾减灾工作、国务院扶贫办主导的精准扶贫、国家发改委主导的适应气候变化等相关工作，具有一些交叉内容，但目前气候变化加剧和引发贫困的问题尚未得到足够重视，也未能针对气候贫困议题开展协同规划和行动。

气候贫困是气候和贫困的叠加效果，既与自然生态环境有关，也受到社会经济等多重脆弱性的影响。区分不同类型的气候贫困，有助于分析引发气候贫困的机理、高风险地区和群体分布，设计更有精准性和针对性的减贫政策与措施。

一 地域性气候贫困

气候变化的影响呈现明显的区域特征。气候变化通过影响温度、光照、降水等气候资源要素，干旱、暴雨等极

---

① 《老少边穷：仅靠市场力量是不够的——关于促进老少边穷地区发展的政策选择》，《经济日报》2004 年 2 月 11 日，http://finance.sina.com.cn/roll/20040211/0815625809.shtml。

端气候事件，以及土地、水资源、生态系统等，对特定地区农林渔业、人口承载力、社会经济系统等综合承载力带来相应影响。我国贫困地区的分布与生态环境脆弱区具有较高的地理空间分布上的一致性——地理耦合。贫困人口在区域分布上呈现点（14.8 万个贫困村）、片（特殊贫困片区）、带（沿边境贫困带）并存的空间格局。《气候变化与精准扶贫》研究报告指出：中国 11 个连片特困区与生态脆弱区、气候敏感带高度耦合，特困区具有气候暴露度高、敏感性高、适应能力弱的特点，其气候脆弱性远远高于全国平均值，且适应能力低于全国平均水平。连片特困区的致贫因素有以下共性：生态环境极其脆弱，总体适应能力有限；贫困户居住分散；基础设施严重落后，发展支撑能力极弱；基本公共服务滞后，民生保障压力过重。

中国的气候贫困高风险地区主要分布在西北高寒地区、西部山区、干旱半干旱草原、沙漠绿洲农业、沿江沿海湿地等。气候变化对西部地区的福利影响更大。根据分省气候变化脆弱性评估结果，甘肃、宁夏、贵州、青海、安徽、云南、西藏、广西、重庆、四川等省份是中国气候变化脆弱性最高的地区，其中气候变化脆弱性的贡献因子中有 1/3 来自气候灾害敏感性。

二 行业性气候贫困

气候变化将对中国粮食供给能力产生不利影响，在许多农村特困区，采取适应措施来降低气候变化造成粮食减产会十分困难。大量文献表明，气候风险对中国粮食生产具有显著的负面影响。气候变化将使中国作物带北移。综合考虑气候变化对土壤水分、气候灾害、作物病虫害等各种影响，气候变化对农作物产量的总影响到2030年可能达到5%~10%，到本世纪末极端不利影响可能高达37%。[①] 据统计，2000年以来每年因自然灾害导致粮食减产约2300万吨，每年因自然灾害造成农业损失占整个农业GDP的15%~20%，远远高于自然灾害损失占整个国家GDP的比重。据专家不完全统计，中国每年因各类自然灾害造成的人员伤亡80%以上在农村，台风、暴雨、雷电、滑坡、泥石流等突发气象灾害造成的人员伤亡90%以上在农村，每年因各类自然灾害倒塌房屋的绝大多数也在农村。[②]

中国的农业（包括农林牧渔等的广义农业）生产者面临经济开放与自然风险的双重考验，总体来看，农村居民更多地从事对气候风险比较敏感且具有比较劣势的土地密集型农作物生产。广大农村由于人口众多、经济欠发达、区域经济发展不平衡，防灾减灾基础设施脆弱，承受和防御灾害的能力较差，中国自然灾害所造成的人员伤亡和经济损失大部分来自农村地区，这成为中国部分地区发展相对滞后、农村人口贫困和返贫的重要原因。一般而言，各

---

① 林而达等：《气候变化国家评估报告（Ⅱ）：气候变化的影响与适应》，《气候变化研究进展》2006年第2期。

② 数据引自秦大河院士在全国政协十届四次会议上的发言稿：《以民为本以农为重 加快建立和完善农村防灾减灾体系》。

行业按照气候贫困的风险由大到小排序，依次为：畜牧业＞林业＞渔业＞经济作物＞种植业＞其他农业行业（如农村小工商业、手工业、务工等）。

三 群体性气候贫困

IPCC 的研究表明，气候变化的高脆弱群体主要包括小农户、女性为主的单亲家庭、身心疾病和残疾家庭、老年家庭、原住民等遭受多重能力和资源剥夺状态的群体。[①] 国内学者胡玉坤分析了性别的权力关系如何使农村妇女更容易受到气候变化冲击，陷入气候贫困。例如，妇女常因贫困而无钱购置保护环境的技术或投入物，也会因缺乏教育和技能而只能种植技术含量低收益也低、劳动强度却较大的庄稼。[②] 联合国开发计划署支持开展的"中国入世对农业部门妇女的挑战"研究揭示，由于文化水平低下，妇女掌握农业技术的程度大受影响；教育上的劣势限制了她们参与收入更高、报酬更高的技术性农活，或者实现非农转移。

社会弱势群体由于常常居住在更加边缘和更易受灾的地方，对灾害的暴露程度更高；具有较弱的资源获得能力，因而对极端事件具有很高的敏感性和很低的应对能

[①] Olsson, L., et al., Livelihoods and Poverty. In: Climate Change 2014: Impacts, Adaptation, and Vulnerability. Part A: Global and Sectoral Aspects. Contribution of Working Group II to the Fifth Assessment Report of the Intergovernmental Panel on Climate Change [Field, C.B.et al., (eds.)]. Cambridge University Press, 2014.

[②] 胡玉坤：《气候变化阴影里的中国农村妇女》，《世界环境》2010 年第 4 期。

力；应对灾害影响的信息获取、预期及其减少风险的投资能力更差，脆弱性更高。课题组在我国西部省份调研考察发现，面对气候变化，极端贫困家庭、少数民族妇女、文盲半文盲（缺乏教育、技能和就业渠道）、因病返贫家庭、子女教育负担重家庭、疾病老弱等低保群体等，是气候贫困的高发群体。此外，城市低收入阶层、因灾致贫后进入城市打工的农村务工群体也是未来潜在的气候贫困人群。

第四节　中国气候贫困的影响与适应行动

一　气候贫困的影响因素

气候贫困受到两大驱动因素的影响，一是气候变化导致的长期生态环境恶化或极端灾害，会加剧现有的贫困或非贫困人口返贫、致贫；二是社会经济与制度文化因素引发或加剧贫困脆弱性。

（一）气候变化灾害加剧贫富差距

贫困陷阱（poverty trap）通常是指一种引起持续贫困的自我加强机制，即处于贫困状态的个人、家庭、群体、区域等主体或单元因人力资本退化、物质资源匮乏、社会活动边缘化、精神与健康状况不佳等原因而不断地再生产出贫困，长期处于贫困的恶性循环中而不能自拔。气候变化一方面导致生态系统的生产力下降，另一方面通过气候灾害削弱了农业人口的生计资本，例如人员伤亡、房屋倒塌等，致使依靠自然资源谋生的农业家庭受到很大影响、生计难以持续。气候变化对农村家庭生计和收入的影响，主要通过物质资本（如房屋、道路等家庭和社区设施）、经济资本（如收入、储蓄、保险和借贷等金融工具）、人力资本（劳动力的数量和质量）、生态资本（如土地、水等农业生态系统服务功能）、社会文化资本（如社区组织）等生计途径起作用。例如，气候变化导致的光、温、水等气候要素和气候变率，对土地生产力、劳动生产率具有直接的影响。此外，气候变化还通过政策、市场、社会文化等因素间接对贫困群体产生不利的收入和财富效应。[1]

一项基于中国健康与营养调查（CHNS）的长期面板数据的研究，认为当前的贫困主要是随机型、暂时型和逆转型贫困，而不是长期的结构型贫困（见资料 -1）。[2] 而在内蒙古牧区的研究则发现，自然灾害背景下贫富急剧分化，即气候贫困是结构性和长期性的。到 1990 年代后期尤其是 2000 年以后，内蒙古牧区自然灾害频发，不同牧户由于经营能力和社会关系的差异，面临同一自然灾害而

---

① 孟慧新、郑艳：《气候贫困的影响机制与应对策略》，载《应对气候变化报告（2018）》，社会科学文献出版社，2018。

② 周力、郑旭媛：《气候变化与中国农村贫困陷阱》，《财经研究》2014 年第 1 期。

遭受不同损失，牧区社会中的贫富差距越来越明显，并且有加剧的趋势。[①]2002 年，在阿巴嘎旗，30% 的牧民拥有 70% 的牲畜的格局已有 10 余年，实际贫困人口至少占 70% 以上。

资料 -1：中国农村随机型气候贫困

周力、郑旭媛（2014）[②]特别考察了消费型资产，发现最贫困户采取风险规避行为，倾向于变卖消费型资产以平滑生产型和固定型资产；中等富裕户采取风险应对行为，倾向于增加生产型和固定型资产投资；而最富裕户往往是非农收入最高的群体，对农业领域气候冲击的反应不敏感，各类资产变化不显著。推断当前中国农村之所以不存在"贫困陷阱"，是因为多数贫困户仍或多或少地持有消费型资产以备不时之需。当面临连续的、高威胁的气象灾害时，如果贫困农户将消费型资产全部变卖，则其必将陷入传统假说所界定的"贫困陷阱"。不持有消费型资产的贫困群体比例较低，特别是具有劳动能力的贫困户，很少有不持有消费型资产且长期陷入贫困的。

---

① 赖玉佩、李文军：《草场流转对干旱半干旱地区草原生态和牧民生计影响研究——以呼伦贝尔市新巴尔虎右旗 M 嘎查为例》，《资源科学》2012 年第 6 期。
② 周力、郑旭媛：《气候变化与中国农村贫困陷阱》，《财经研究》2014 年第 1 期。

面对未来气候变化等外生风险时，中国农村扶贫政策应当区分三类群体并予以不同对待：(1)严重缺乏有效劳动能力的贫困群体。应将其有针对性地纳入"低保户"或"五保户"，而不是贫困户(或称"低收入户")。(2)具有健康劳动力的贫困户。这一群体往往不易陷入长期贫困中，但面对气候风险，陷入随机型贫困的可能性较大。由于气候风险是区域性的，村级层面的风险共担机制（Village-level Risk Pooling）往往失效，因此，可以提倡节省交易费用的气象指数保险（Index-based Weather Insurance）。(3)略高于"资产贫困线"的非贫困户。其被排除在扶贫政策之外，但仍以从事农业生产为主，这一群体可能更容易受到气候风险冲击而陷入短期的逆转型贫困。

（二）社会经济文化等因素引发贫困脆弱性

IPCC 报告指出，贫困是多重脆弱性和不平等因素相互交织的结果。社会脆弱性是研究气候贫困问题的一个重要概念，强调影响脆弱性的社会结构，即强调经济、社会制度在灾害应对中的重要作用。针对气候变化的影响群体进行社会脆弱性评估，区分不同贫困家庭的收入多样性设计指标，可以体现不同生计来源的气候敏感性，以及贫困群体对自然资源的依赖性。

国内研究往往缺乏参与式理念和社会性别的视角，或仅局限在生计层面评估气候变化的脆弱性。一项针对陕西省3个不同气候脆弱区7个县的7个村庄开展的可持续生计评估研究发现，农户的气候脆弱性高，应对气候变化的主要适应需求包括：获得相应的气候和天气资料、加强灾害管理、增加水源、改善农业支持系统、加强适应能力建设等。适应策略和收入来源多样化，加大政府对农户的适应投入，有助于提升农户的适应能力。[1] 针对内蒙古锡林郭勒盟荒漠草原的一个嘎查的实地调研表明了草原双承包制度和草原保护政策对于牧民采用传统游牧生产方式适应气候变化及其气候贫困具有一定的不利影响。[2]

二　应对气候贫困的政策和行动

应对气候变化的减排、适应政策和行动有助于促进减缓贫困，但也有一些研究表明，气候政策与减贫之间的协同效应取决于政策设计、社会文化、治理体系等多种复杂因素。我国目前的扶贫模式仍以政府主导为主。例如，武陵山集中连片特困区通过构建"跨域合作、多元协同"治理模式促进扶贫和发展。[3] 基于广西某县的研究表明，在

---

[1] Zhao Huiyan, Hu Zuqing, Hu Xiangshun, et al, Investigation and Analysis about the Adaptation on Climate Changes in Rural Area, *Climate Change Research Letters*, 04（3）：160-170.

[2] 张倩：《贫困陷阱与精英捕获：气候变化影响下内蒙古牧区的贫富分化》，《学海》2014年第5期。

[3] 蒋辉：《集中连片特困区跨域公共事务治理模式研究——以武陵山区为例》，《甘肃社会科学》2012年第5期。

国内目前的多种扶贫机制中，政府定点帮扶的运作效率最高，其次是领导小组扶贫机制、项目扶贫方式，而社会多元参与机制基本缺失。[1]

（一）气候适应与减贫的协同行动

适应气候变化与消除贫困同资源、环境、社会的可持续发展密切相关。比如，气候变化加剧了环境问题，会引发更多和更大范围的人口迁移，形成"气候移民"，政府主导的移民项目可以作为有效的适应手段之一[2]。在中国许多贫困地区，降水减少和干旱使得农业生产、生活难以为继，自发的移民现象和政府主导的移民安置成为包括内蒙古、宁夏、新疆、青海、云南等地的选择。宁夏地处中国内陆半干旱与干旱区的过渡地带，干旱少雨，黄河水和地下水是宁夏的主要水源，水资源只有全国平均水平的1/3，荒漠化面积占全区的44%，脆弱的生态环境对于气候变化尤其敏感。在全球气候变化的大背景下，近50年来宁夏气温明显升高，降水量明显减少。生存环境恶劣、极端灾害频发，"山大沟深、靠天吃饭、十年九旱、一方水土养不了一方人"是宁夏中南部地区的典型特征。长期贫困使得中南部地区许多农村家庭不得不外出打工谋生，或者移民外乡。1980年代以来，宁夏回族自治区政府有计划地实施了近百万人的搬迁移民工作，成为中国西部地区适应气候

---

① 林雪霏：《扶贫场域内科层组织的制度弹性——基于广西L县扶贫实践研究》，《公共管理学报》2014年第11期。
② 潘家华、郑艳：《气候移民概念辨析及政策含义——兼论宁夏生态移民政策》，《中国软科学》2014年第1期，第78~86页。

变化的一个成功案例。[①] 孟慧新以宁夏劳务移民为例，探讨了政府的规划性适应政策与气候变化、市场机制和社会政策引导的基层社会的自发性适应行动的协同发展问题。[②] 一些研究揭示出气候变化对宁夏农户生计的具体影响，及农户采取的自发适应措施（见资料 -2）。

资料 -2：宁夏应对气候贫困的举措

戴海龙等[③]研究了气候变化对国家级贫困县宁夏西吉农户生计的影响。在自然资本方面，气候变化对农户的粮食产量影响很大，特别是降水量减少、干旱频发使各地的粮食产量受到不同程度的影响，造成病虫害多发，特别是90年代的干旱造成了严重的蝗灾。在人力资本方面，降水量减少以及干旱会造成农业减产，导致贫困发生率提高，还迫使许多人外出临时打工。在金融资本方面，干旱、暴雨、寒潮、冰雹等极端气候造成农业减产甚至绝收。在社会资本方面，政府加大了与气候变化有关的惠农政策、惠农工程等方面实施力度，如实施人畜饮水工程、节水灌溉工程、退耕还林（草）工程、新农村建设工程等。在物质资本方

---

① 马忠玉主编《宁夏应对全球气候变化战略研究》，黄河出版传媒集团阳光出版社，2012。
② 孟慧新：《规划与自发性适应的协同——以宁夏劳务移民为例》，《思想战线》2013年第5期。
③ 戴海龙、赵慧娟、蒙渊：《气候变化对贫困地区农户生计的影响——以宁夏西吉县为例》，《中国市场》2011年第52期。

面，55% 以上的被调查对象认为家畜疾病的发生与干旱的发生、降水的变化以及温度的变化有很大关系，如温度太高会加快家畜疾病的传播，温度骤变会导致家畜感冒，天气潮湿，家畜吃了带有露水的草容易造成腹泻等。

农户也通过调整生计应对气候变化：春、夏旱频率较高，秋旱频率较低，调整家庭种植结构，扩大种植抗旱性强、水分利用效率高的农作物，加大秋季作物的种植面积，40% 以上的调查对象在近十几年里改变了作物种类，马铃薯、糜子、谷子种植面积增加；充分利用当地的雨水资源，提高水资源利用率，如以保持水土为中心的小流域开发治理、窖集雨、节水灌溉等；加大对气象灾害的科普教育，使农户了解寒潮、冰雹、暴雨等灾害的特点以及相关的预防知识，并通过地方应急广播、手机短信等，及时让农户通过自防措施，减少灾害对其造成的损失；加大劳务输出成为农户的"铁杆庄稼"，大大提高了农户应对气候变化的能力。

（二）低碳发展与减贫的协同举措

"低碳农业"是中国推动低碳发展的主要内容。国际农业发展基金（IFAD）针对气候变化导致的贫困适应能力下降，如应对干旱不力问题等，在广西、云南、贵州、甘肃、新疆、湖南、湖北和河南山区开挖小水窖解决干旱问题；引进新作物品种及其种植管理技术，开展参与式培训提升农牧民能力以应对气候变化带来的挑战。2014 年以来，陕西省咸阳市亭口镇宇家山村启动了农村社区的"低碳适应与扶贫综合发展计划"，在农村试点地区实施了低碳适应扶贫项目，旨在探索一条农村社区低碳、适应与可持续发展的多赢路径（见资料 -3）。2015年 10 月，宇家山村试点项目作为唯一一个中国案例，入选《改变先锋——发展中国家可持续低碳发展》全球 21个优秀案例。

资料 -3：陕西宇家山低碳社区项目

宇家山位于陕西省咸阳市亭口镇。项目方在"农业生产、农村生活、农民能力建设"等方面采取了一系列举措，探索低碳、适应与扶贫减贫协同的可持续发展模式，取得了良好成效。主要工作如下。

通过因地制宜的扶贫减贫工作，拓展当地村民生计途径，提高村民收入水平。在传统农业作物种植基础上，引入适宜当地种植的抗旱新品种，尝试拓展多品种经济作物的种植，推进农产品深加工特色产业，协助村民建立柿饼专业合作社，配套和完善市场开发，如包装设计、农产品营销、电子商务培训等；尝试协助当地逐步发展和引入"农业大棚"、"观光农业"、"生态农业"项目，并推进旅游业、服务业等第三产业的发展；联合科研机构，以参与的方式为当地农户开展低碳循环农业、低碳产业发展、低碳生产方式、合作社、电子商务、有机/绿色食品等内容的培训和能力建设。

在生产生活等方面引入一系列适应、低碳和可持续发展模式。例如，在农业种植过程中采用生物肥料替代传统化肥，采用物理病虫害防治方法，如安装太阳能杀虫灯，定期实施"天敌释放"，替代现有化学农药杀虫方式，抑制病虫害发生的同时，建立环境友好的农业生产模式。房屋设计为"窄院"的节能建筑模式，夏季这种狭窄庭院内可形成较大阴影区，避暑效果好。根据宇家山村"城郊型"农村社区的特点，确定垃圾处理方案为"户分类、村收集、镇运输"的模式；采用独立的户用卫生间，并配套公共卫生间，实现新村的垃圾/粪污全部处理。

在新村设计和运营管理过程中，充分纳入了减灾防灾视角，推进了一系列灾害防范硬件和预警机制的建立。例如，设立气象预警监测系统，并在公共场所安装电子屏，每天定时播报气象信息；运用参与式方式为社区村民开展气象知识培训，在村民中选出4名气象信息员，定期与村民交流和反馈农业气象信息；围绕减灾防灾知识对社区村民进行各种灾害管理培训，定期组织灾害预警演习。

在能源利用方面，宇家山村地处山区，气候干旱，植被条件不好，因此不考虑发展生物质资源，以确保植被覆盖率。同时，村落太阳能资源较好，又临近城镇，太阳能资源和传统电力资源的联合应用是适合当地发展的一种现实的能源利用模式。

自 2013 年到 2015 年的不到 2 年时间里，通过低碳扶贫减贫措施，当地村民的年平均收入由原来的 2100 元逐步增加至 3500 元，随着扶贫工作的逐步推进，有望实现进一步的减贫和脱贫。建筑节能、集中供热、炊事以电代煤、太阳能热水器、太阳能路灯这 5 个方案每年能实现温室气体减排 2249 吨 CO_2e（二氧化碳当量），相当于人均年减排 14 吨 CO_2e。

一些地方政府和非政府组织结合社区生态保护、造林和再造林、可再生能源、农村新能源改造、低碳旅游、有机农业、农业碳汇项目等，积极探索农业地区低碳发展的模式，促进贫困地区的社会经济发展。农村地区可以因地制宜开展碳汇造林、小水电、风力发电和太阳能利用等清洁能源，通过申请清洁发展机制（CDM）项目获得碳汇收益，例如广西是我国最早开展 CDM 项目的地区，一些农村社区受益于碳汇造林项目（见资料 -4）。

资料 -4：广西参与式碳汇造林项目

中国广西是气候变化脆弱地区，常遭受高温、干旱、水资源短缺和洪水等气候灾害的袭击，森林病虫害也呈现增多趋势，这些不利影响导致生物多样性退化，并增加了广西地区绝对贫困人口的数量和加剧了贫困程度。在 CDM 项目的支持下，6 个广西社区通过参与式的植树造林项目（Participatory plant breeding）及社区自然资源管理（Community based natural resource management），将政府和农户两个种植系统联结起来，进行作物改良，加强生物多样性和农户赋权。这个项目基于农户视角和他们世代传承下来的玉米选种育种的地方性知识，同时引入林业技术专家，获得多重显著收益——开发了传统的玉米选种育种技术，增加了农作物产量和农作物多元化，改善了作物种质资源的基因多样性及其抗旱抗逆能力，同时带动了更多村民参与森林保护的积极性。通过打包设计 27 个村庄 4000 公顷退化土地的 CDM 项目，提高了土地的集约利用效率及经济收益（世界银行 BioCarbon Fund 以 4.5 美元 / 吨的碳汇价格购买了该项目的减排额），其中，55% 的土地通过再造林获得了碳汇收益，项目实施为小规模低收入的参与农户带来了更多的生计改善机会。

第二章

甘肃省临洮县老庄村的社会调查

否

第一节 甘肃省临洮县老庄村概况

一 行政区划与地理位置

老庄村位于甘肃省定西市临洮县洮阳镇，是洮阳镇4个贫困村之一。老庄村地理位置相对较好，位于距临洮县城12公里、距洮阳镇10公里，海拔2200~2400米的山上，洮河从岳麓山脚下流过（见图2-1）。村域面积7.6平方公里，2016年，拥有4个自然村（村民组），共有183户805人。村内沟壑纵横，梁峁起伏，生态环境脆弱，自然条件较差，交通不便，无通村班车，年平均降雨量仅为400~450毫米，村内植被覆盖率低。

图 2-1　临洮县的洮河风光

（图片来自临洮党政网，2018 年 10 月）

二　临洮县简介 [①]

临洮县位于甘肃省中部，定西市西部，陇西盆地西缘，是黄河古文化的重要发祥地之一，素有"彩陶之乡"、"文化县"之称。临洮自古为西北名邑、陇右重镇、古丝绸之路要道，有"兰州的卫星城"、"兰州的后花园"的称号。近年来，相继获得"中国民间艺术之乡"、"中华诗词之乡"、"中国花木之乡"、"中国花卉之乡"、"全国双拥模范县"等殊荣。

临洮地形地貌南北狭长，地势由东南向西北倾斜，境内以黄土地貌为主，全县海拔 1730~3670 米。洮河是黄河上游重要的支流，在临洮县内流长 115 公里。临洮属温带

[①] 《临洮概况》，临洮党政网，http://www.lintao.gov.cn/col/col322/index.html，2018 年 10 月 22 日；《2018 年临洮县国民经济和社会发展统计公报》，2019 年 6 月 26 日。

大陆性气候，年平均气温7℃（最高气温34.6℃，最低气温 –29.5℃），无霜期80~190天，年平均降雨量317~760毫米，蒸发量1400毫米以上，70%以上的降水集中在7月、8月、9月三个月。

社会经济稳步发展。①经济：2018年全县实现地区生产总值68.22亿元，比上年增长6%。三次产业结构为14.33∶31.49∶54.18。其中，第一、第二、第三产业增加值分别为9.78亿元、21.48亿元、36.96亿元，分别较上一年增长5.5%、3.3%、7.8%。生态文明建设取得初步进展，十大生态产业增加值12.1亿元，比上年增长8.8%，占临洮县地区生产总值的比重为17.7%。②人口：临洮县总面积2851平方公里，有18个乡（镇），323个村、12个社区，总人口55.18万，其中农业人口49.34万，有汉、回、东乡等19个民族。2018年末全县户籍总人口55.52万人，常住人口52.04万人，其中，城镇人口18.63万人，城镇化率为35.8%；乡村人口33.41万人，占常住人口的64.2%。人口自然增长率为4.74‰。③就业：2018年末，全县单位从业人员26107人，城镇新增就业人口2886人，城镇登记失业率为3.01%。

扶贫工作初见成效。临洮县以富民强县为目标，以精准扶贫为重要抓手，围绕农民增收挖掘潜力、拓宽渠道，大力发展马铃薯、草畜、花卉、蔬菜等特色经济作物，积极推动设施农业和农业产业化水平。①贫困现状：2018年末全县农村贫困人口2.83万人，比上年减少1.7万人；农村贫困发生率5.8%，比上年下降3.52个百分点。②人民生活：城镇居民人均可支配收入24359元，人均消费支出

18635 元，分别较 2017 年增长 7.7%、14.7%。农村居民人均可支配收入 7868 元，人均生活消费支出 7932 元，分别增长 9.3%、22.7%。

历史文化悠久。临洮古称狄道，自古为西北名邑、陇右重镇，于公元前 384 年建置狄道县，金、元、明、清均置临洮府，迄今已有 2400 年的历史，一直是中央政权联结西部少数民族地区枢纽。临洮地处古"丝绸之路"要道，是甘肃唯一集马家窑文化、秦长城文化、老子文化、李氏文化、藏传佛教文化、洮河文化等优秀文化资源于一体的地区，人文风貌独特多样。

区位优势明显。临洮是省会兰州的南大门，县城距兰州市区 80 公里，是"兰白经济区"内重要节点城市。兰临、康临、临渭高速和 212 国道及省道 309、311 线穿境而过，城乡道路纵横交错，四通八达，是连接甘肃中南部与临夏、甘南两个少数民族地区的必经之地和欧亚大陆桥经济带辐射圈内重点县区。今后随着定临高速、临洮机场军民合用改扩建、兰州至临洮至天水城际铁路等重大项目的规划实施，临洮的交通条件将更加便利。

资源禀赋优越。临洮县自然资源丰富，总耕地面积108 万亩，其中水浇地 38 万亩，人均耕地 2.23 亩。有林地面积 123.4 万亩，森林覆盖率为 12.6%。黄河上游最大的支流——洮河流经县内 9 个乡镇 115 公里，年过境水量 46 亿立方米，水质优良，无污染，属国家一级保护水系，水能资源可开发蕴藏量达 32 万千瓦。已建成和在建水电站 24 座，总装机容量达 23 万千瓦。发展现代设施农牧业条件优越。洮河灌区面积 38 万亩,有洮惠渠、新民渠等万亩以上灌区 11 个,洮河谷地二、三级阶地地势平坦、地貌完整,沿岸可开发利用的滩涂地达 2 万多亩。境内分布高岭土、方解石、萤石等矿产资源可供开采利用。

产业特色鲜明。依托洮河谷地良好的气候条件和 38 万亩水浇地,培育形成了 600 万头(只)畜禽养殖、50 万亩马铃薯、20 万亩蔬菜、15 万亩中药材和 3 万亩花木生产基地,临洮花卉在各类花卉博览会上获得 70 余个奖项。发展形成了金属冶炼、建筑建材、机械制造、农副产品加工、水电开发、新能源等工业产业体系,规模以上工业企业达 33 家。编制了"休闲之都"旅游规划,实施了马家窑文化产业园、甘肃临洮体育训练基地、卧龙湾水镇等 17 个投资超亿元的文化旅游重点项目,马家窑洮砚小镇被列为全省创建的 18 个重点特色小镇之一。

人居环境良好。临洮县城建成区面积达 17.68 平方公里,城市绿化覆盖率达 32%,被评定为甘肃省"省级卫生城"和"省级园林城市",是居家生活、休闲度假的理想之地。确立了打造"休闲之都"的城市发展定位,实施了洮河城区段疏浚整治和景观改造工程,城区景观水面达 5000 亩。大力发展休闲度假产业和地方特色旅游业,建成星级宾馆 5 家、AA 级景区 5 处,具有较高的旅游接待服务能力。

开发前景广阔。规划建设了"一区(临洮经济开发区)三园(中铺工业园、洮阳高新技术产业园和康家崖农副产品集散加工园）"的工业聚集发展平台，引进入驻企业 59 家，其中占地 18.93 平方公里的中铺工业园已被纳入兰州高新技术产业开发区。规划了占地 24.67 平方公里的沿洮文化产业带，签约了 20 平方公里的太石特色小镇项目，全县发展前景广阔。

三 洮阳镇基本情况 [①]

洮阳镇位于洮河下游河谷地带，属温带大陆气候，交通便利，是临洮县的经济、政治、文化活动中心，城、川、坪、山区相结合的乡镇，是全国重点乡镇、全省百强乡镇、全市人口第二大镇，工业发展较快，商业网点遍及全城，市场繁荣，经济活跃，旅游业发展很快。全镇总面积 128.91 平方公里，现辖 30 个行政村、6 个社区居委会、174 个村民小组，2018 年底农民人均可支配收入 8986 万元。通信、有线电视、邮政等网络覆盖全镇。各级各类学校齐全，教育教学条件优越，卫生医疗条件也达到了全省级先进水平。洮阳镇先后被评为甘肃省"明星乡镇"、甘肃省发展乡镇企业"十强乡镇"、甘肃省财政收入"百强乡镇"、全区乡镇企业"亿元乡镇"、定西地区"文明乡镇"等称号，是全国经济普查先进单位，省、市法制宣传工作先进单位，全省民政工作先进单位，全省爱国卫生先进单位，全市双拥模范镇等。

---

① 《洮阳镇》，临洮党政网，http://www.lintao.gov.cn/art/2018/12/3/art_10481_614842.html，2018 年 12 月 3 日。

洮阳镇辖区内水利、电力、交通、通信条件优越，黄河上游最大的支流洮河贯穿全境，"35"、"110"变电所相继建成运行，国道212线、兰临高速公路、临康二级公路、定新公路、临渭高速公路交会于此，交通十分便利。马家窑古文化遗产、哥舒翰纪功碑、国家AA级岳麓山森林公园、国家AA级景区紫云山佛归寺、卧龙寺、超然书院、姜维墩、穆扶提东拱北等文化遗产分布于全镇。近年来，洮阳镇全镇产业发展以蔬菜、畜草、花木、中药材和劳务产业为主，推动农民增产增收。

第二节　老庄村村情及生计情况

　　课题组根据调研获得的《老庄村行政村调查问卷（调查年度：2016年）》等基本信息，了解到老庄村的基本村情和村户生计情况如下。

一　气候、自然资源与生态环境

（一）气候与气象条件

　　老庄村近年平均年降水量为360毫米，主要依靠雨水作为灌溉水源，主要农作物也是靠天吃饭的旱作农业。生活用水依靠打井、地下水。主要灾害为强降水、冰雹、沙尘暴、冷害等。

（二）土地资源及利用情况

老庄村现有耕地面积 2035 亩（2016 年底土地确权登记发证面积），耕地全部为山旱地，其中园地面积 9 亩，林地面积 360 亩（含退耕还林面积 100 亩）。

（三）水资源与农田水利

老庄村人畜饮水 70% 以泉水为主，主要灌溉水源 3 处，正常年景下基本能够保障水源，30% 人口由于居住位置与环境等原因，存在饮水困难。主要灌溉水源为雨水，拥有生产用集雨水窖 196 个。从问卷调研了解到，村民的主要饮用水源来自经过净化处理的自来水。其中贫困户家庭供水入户的有 27 户，占比 87.1%，管道供水至公共取水点的有 1 户，仅有 3 户没有管道供水的条件。非贫困户家庭供水入户的有 29 户，占比 96.7%，基本实现了全体供水入户。2019 年全村已实现自来水入户率 100%。

（四）能源利用

老庄村村民的生活用能仍以农作物秸秆、柴草、煤、电为主，用能方式较为传统。近几年，部分村民先后通过政府投资项目建设了户用沼气池、节能炕，购置了太阳灶、节能炉。调研的 31 户贫困户中，仅有 1 户贫困户使用电源作为炊事能源。目前通电户数 183 户，户用沼气 68

个。已建成"一池三改"户用沼气池 50 户，推广节柴炉 50 台，太阳灶 100 台，但项目覆盖面小，绝大部分家庭炊事取暖设施仍以旧式土炕和炉灶为主，燃料主要依赖煤、秸秆等，炊事取暖时热效率低，室内空气污染严重。

图 2-2 老庄村驻村扶贫队干部介绍农户利用秸秆进行堆肥的情况

说明：本书照片除特殊标注，均为作者拍摄，拍摄时间为 2017 年 5 月或 2018 年 7 月。

二 社会人口及劳动力情况

老庄村作为行政村，全村有 4 个村民小组（岳家山社、刘李家社、老庄社、岳家缺社），总户数 183 户，常住人口 805 人，劳动力 577 人，建档立卡户 95 户共 370 人，低保户 89 户共 306 人。全村以马铃薯、玉米、中药材种植，肉牛肉羊养殖，劳务输出等为主要生计来源。老庄村外出劳动力从事的主要行业是农业和建筑业。2017 年，全村人均纯收入为 6422.6 元。

具体的社会人口统计信息见表 2-1（老庄村村委会提供，2016 年底数据）。

表 2-1 老庄村人口和劳动力统计情况

项目	数量	项目	数量
B1 总户数（户）	183	B3 常住人口数（人）	805
a. 建档立卡贫困户数	96	B4 劳动力数（人）	577
b. 实际贫困户数	96	B5 外出半年以上劳动力数（人）	78
c. 低保户数	89	a. 举家外出户数（户）	34
d. 五保户数	3	b. 举家外出人口数（人）	110
e. 少数民族户数	0	B6 外出半年以内劳动力数（人）	98
f. 外来人口户数	0	B7 外出到省外劳动力数（人）	30
B2 总人口数（人）	805	B8 外出到省内县外劳动力数（人）	40
a. 建档立卡贫困人口数	294	B9 外出人员从事主要行业	建筑业
b. 实际贫困人口数	294	B10 外出务工人员中途返乡人数（人）	102
c. 低保人口数	306	B11 定期回家务农的外出劳动力数（人）	60
d. 五保人口数	3	B12 初中毕业未升学的新成长劳动力数（人）	12
e. 少数民族人口数	1	B13 高中毕业未升学的新成长劳动力数（人）	5
f. 外来人口数	0	B14 参加"雨露计划"人数（人）	2
g. 文盲、半文盲人口数	2	a. 参加雨露计划"两后生"培训人数（人）	4
h. 残疾人口数	28	—	—

说明：本书统计表格，除特殊标注，均来自老庄村调研。

资料来源：精准扶贫精准脱贫百村调研甘肃省老庄村社会调查数据。

三 村户生计及产业[①]

2014 年老庄村人均纯收入 4351 元。2016 年底村民年

---

① 本节内容及部分数据、图表参考了乐施会项目调研报告。

人均纯收入为 5680 元。老庄村经济结构较为单一，以种养殖为主，90% 以上的农户仍沿用落后的耕作方式和传统的以粮为主的经营模式；全村大家畜存栏量 311 头，猪、羊、鸡存栏量分别为 212 头、294 只、2500 羽。受自然条件影响，群众经济收入水平低，增收渠道窄，基本靠天吃饭。

全村农业生产情况见表 2-2 所示（2016 年底）。

表 2-2　老庄村主要的种养殖品种

主要种植作物		种植面积（亩）	单产（公斤/亩）	市场均价（元/公斤）	耕作起止月份
D31	洋芋	950	1600	1.3	3~9 月
D32	玉米	566	600	1.6	4~10 月
D33	大豆	260	250	4.6	3~8 月
主要养殖畜禽		出栏量（头/只）	平均毛重（公斤/头）	市场均价（元/公斤）	
D34	羊	120	25	18	
D35	牛	40	200	26	

（一）种植业

老庄村农作物主要是玉米、洋芋（马铃薯），粮食基本自给。为了提高经济收入，大部分的农户近两年都开始从事药材种植，以党参、黄芪和柴胡为主。中药材种植投入费用和成本较高，价格受市场影响波动较大，风险相对传统种植较高。综合比较下来，种植洋芋风险低、投入小、收益相对较大，而且近两年看到市场上的品牌洋芋价钱可以达到 2 元/斤，对村民触动很大，村民对发展绿色农业意愿强烈，但缺乏相关的知识和技术。

表2-3是村民主要生计作物，每亩耕地的生产投入及收入情况。

表2-3　老庄村主要农作物投入及收入情况

种植业 - 类别	投入费用（元）	投入的工（个工）	产量（斤）	市价（元／斤）	纯收入（元）
党参	1000	30	400	4	600
黄芪	800	20多	400	2.2	80
柴胡	1300	20多	200	7.5	200
玉米	400	—	1200	1	800
洋芋	400	—	3500	0.4	1000

图2-3　老庄村的山坡耕地及玉米田

（二）养殖业发展情况

老庄村大部分村民都有养殖猪、牛、羊的传统，村民熟悉掌握一定的养殖技能，且家里通过自建、政府整村推进项目等都有牛／羊棚，具备发展养殖业的基础条件，但村里养殖以家庭散养为主，未能形成规模。

表 2-4　老庄村主要养殖品种及投入和收入情况

养殖业 – 类别	投入成本	养殖周期	出售价格	收入
猪	1500 元 / 只	8 个月	1800 元 / 只	300 元 / 只
羊	基础母羊 600 元 / 只	7 个月	900~1000 元 / 只	300~400 元 / 只
牛	半岁牛犊 3000 元 / 头	1.5 年	4500 元 / 头	1500 元 / 头

（三）农村合作社

老庄村有农民合作社 3 个（见表 2-5），其一为老庄富民专业合作社，成立于 2013 年，含社员户数 98 户，主要囊括农产品的种植、养殖和加工，总资产达到 200 万元。其二为繁益种养合作社，成立于 2016 年，含社员 89 户，总资产达 100 万元。据村委干部介绍，受土地资源有限及地理位置偏远等不利因素制约，村镇集体经济难以发展，村民也较少获得村集体经济的产出收益及分红。为了发展产业，村集体借助临洮县政府推行的"资源变资产、资金变股金、农民变股东"的"三变"改革，2017 年 9 月兴建了养殖小区和牲畜大棚。其三是 2018 年在政府的推动下，成立了临洮县众富种养殖农民专业合作社，村支书任董事长，要求将全村贫困户都纳入会员，引入"农户＋企业＋合作社＋村支部"模式，实现产业扶贫。目前合作社共有已脱贫和未脱贫的贫困户 95 户，村集体、农户、合作社等入股方已于 2018 年 9 月、2019 年 9 月两次实现分红收益总计约 15 万元。

表2-5　老庄村合作社基本情况

代号	名称	领办人（代码）	成立时间（年月）	成立时社员户数	目前社员户数	业务范围	总资产（万元）	总销售额（万元）	分红额（万元）
D21	老庄富民专业合作社	岳勇	2013	98	98	种植、养殖、加工业	200	—	—
D22	临洮县繁益种养农民专业合作社	张金娥	2016	89	89	种植、养殖、加工业	100	—	—
D23	临洮县众富种养殖农民专业合作社	岳勇	2018	95	95	养殖、加工业	250	—	15

四　社区基础设施与公共服务

老庄村由于地处深山、交通不便，基础设施较为薄弱。近几年在县镇政府的扶贫项目支持下，基础设施、公共服务有了显著改进。

（一）道路交通

由于山路坡陡弯多，冬季雨雪冰冻期间无法安全出行。10余公里的山路步行下山约两个小时，开车约半个小时。通村的道路类型为硬化水泥路，通村道路路面宽度为4米，长度为4.6公里，村内通组道路长度为6.8公里，村民居住分散、山地崎岖不平，未硬化路段主要是从村道路入户的土路。

表 2-6　老庄村的道路交通基础设施

类型	结果	类型	结果
E11 通村道路主要类型（①硬化路（水泥、柏油），②沙石路，③泥土路，④其他）	硬化路	a. 未硬化路段长度（公里）	—
		E14 村内通组道路长度（公里）	6.8
E12 通村道路路面宽度（米）	4	a. 未硬化路段长度（公里）	—
E13 通村道路长度（公里）	4.6	E15 村内是否有可用路灯（①是，②否）	是

图 2-4　老庄村的主干道路

（二）电视通讯

村内有可用路灯以及有线广播，2017 年调研时尚无联网电脑，2018 年 7 月调研时已经接入互联网，并且在项目办的资金和技术支持下，村委会积极筹备建立电商平台。全村有电脑的户数仅有 10 户，使用卫星电视的户数 183户，使用智能手机 460 人。如表 2-7 所示。

表 2-7　老庄村通讯基础设施

类型	结果	类型	结果
E21 村内是否有有线广播（①有②无）	有	E25 使用卫星电视户数（户）	183
E22 村委会是否有联网电脑（①有②无）	有	E26 家中没有电视机户数（户）	无
E23 家中有电脑的户数（户）	10	E27 家中未通电话也无手机户数（户）	无
a. 联网电脑户数（户）	无	E28 使用智能手机人数（人）	460
E24 使用有线电视户数（户）	无	E29 手机信号覆盖范围（%）	100

尽管理论上村庄手机信号能够全覆盖，但是调研组2017年在山村中调研期间，北京的联通手机始终处于无信号的失联状态，只有开车半小时之后下到山下村镇，才能够正常接收到手机信息。村支书也反映村委会办公条件不够好，尤其是缺乏电脑和互联网，目前村委有外界捐助的1台电脑，但是因为没有联网，无法发挥作用。从村委的日常工作来看，如果没有互联网和电脑，与外界联系、沟通很不方便。例如，中国最大的农村网站"村村乐"网站，号称农村版的阿里巴巴，被新华社誉为"连接中国64万个村庄的'网络革命'"，现有64万个主页，覆盖全国64万个村庄，1200万注册用户，已成为"最大农村O2O"。[①]在这个网上可以搜索到老庄村的主页，但是信息很单一，主页上只有几行包括主要农产品、村内资源等的简单信息（见图2-5）[②]。

　　"村村乐"的一份客户行业分布图显示，2011年，客户产品中农资占76%，汽车只有3%，没有一家电商。到了2015年，农资占比降到8%，汽车增至23%，电商占42%。随着廉价智能手机的推广，上网门槛降低，农村互联网的价值逐渐体现出来。村村乐网站不仅是农村用户浏览和发布商业信息的平台，也逐渐成为一个社交生活的虚拟空间。老庄村的村干部有发展意识，非常了解互联网平台对于农村发展的意义和价值，但是由于缺乏足够的资源

---

①《村村乐：连接中国64万个村庄的"网络革命"》，http://www.cuncunle.com/village-101-771067-article-1831479091334274-1.html。

②村村乐网站，http://www.cuncunle.com/village-764396.html。

和人才支持，难以充分利用现代化的商业平台走出去、请进来。缺乏互联网使得村庄更加闭塞，难以与外界互通信息，逐渐成为一座信息时代的孤岛。这一问题得到了村委会等的重视，在各方努力下，推进了互联网入村委及引进电商平台项目等一系列进展。

图2-5　村村乐网站上的老庄村主页

（三）居住条件

村民居住房屋以砖瓦、水泥结构为主，户均宅基地面积200平方米，砖瓦房、钢筋水泥结构占比80%，一些贫困户仍然住在老旧的土坯房内，目前有竹草土坯房26户，危房6户。部分村民迁移到山下县城租房居住谋生，其中空置一年及以上宅院的有14户。2019年全村安全住房率已达到100%。

表 2-8 老庄村村民住宅基础设施统计

项目	结果	项目	结果
E51 户均宅基地面积（平方米）	200	E56 危房户数（户）	6
E52 违规占用宅基地建房户数（户）	无	E57 空置一年或更久宅院数（户）	14
E53 楼房所占比例（%）	—	E58 房屋出租户数（户）	无
E54 砖瓦房、钢筋水泥房所占比例（%）	80%	a.月均房租（如有，按10平方米折算，元）	无
E55 竹草土坯房户数（户）	26		

（四）社区卫生健康

村委会缺乏卫生医疗设施，有 1 名村医，但是人数及水平都无法保障村民的医疗需求。村内有 1 个卫生室，1 家药店，全村有行医资格证书的医生 1 人，有资格证书的接生员 1 人。此外，洮阳镇卫生院不定期会有送药送医下乡活动，为山上的村民开展免费的体检、医疗科普宣传等。全村医疗卫生保健情况见表 2-9。

表 2-9 老庄村医疗卫生情况

项目	结果	项目	结果
E31 全村卫生室数（个）	1	a.其中有行医资格证书（人）	1
a.若无，最近的卫生室、医院的距离（公里）	10	E35 当年 0~5 岁儿童死亡人数（人）	0
E32 药店（铺）数（个）	1	E36 当年孕产妇死亡人数（人）	0
E33 全村医生人数（人）	1	E37 当年自杀人数（人）	0
a.其中有行医资格证书人数（人）	1	E38 当前身患大病人数（人）	0
E34 全村接生员人数（人）			

图 2-6　老庄村村委会卫生室及镇卫生院的宣传板

（五）生活设施

老庄村通电户数 183 户，民用电单价 0.51 元 / 度。集中处置垃圾占比 80%，户用沼气 68 个，饮用水源集中供应自来水比例 100%，此外有部分村民使用山泉水。

表 2-10　老庄村生活设施情况

项目	结果	项目	结果
E41 已通民用电户数（户）	183	a1.自来水单价（元/吨）	（尚未交费）
a.民用电单价（元/度）	0.51	a2.使用净化处理自来水户数（户）	183
b.当年停电次数（次）	—	b.江河湖泊水（%）	—
E42 村内垃圾池数量（个）	无	c.雨水/窖水（%）	—
E43 村内垃圾箱数量（个）	无	d受保护的井水或泉水（%）	—
E44 集中处置垃圾所占比例（%）	80%	e.不受保护的井水或泉水（%）	—
E45 户用沼气池数量（个）	68	E47 自来水之外的管道供水户数（户）	—
E46 饮用水源比例：	×	E48 水窖数量（个）	196
a.集中供应自来水（%）	100	E49 饮水困难户数（户）	无

（六）社会保障

全村参加新型合作医疗人数 751 人，新型合作医疗缴费标准为每人每年 150 元，参加社会养老保险户数 163 户，人数 570 人；参加低保人数 306 人，五保供养人数 3 人。当年全村获得国家救助总额为 62.35 万元。由于缺乏村集体收入，村庄没有能力为村民提供困难补贴，只能依靠政府救助。

表 2-11　老庄村村民参加社会保障情况

项目	结果	项目	结果
E61 参加新型合作医疗户数（户）	183	E64 五保供养人数（人）	3
a. 参加新型合作医疗人数（人）	751	a. 集中供养人数（人）	0
b. 新型合作医疗缴费标准（元/年人）	150	b. 集中与分散供养相结合五保人数（人）	3
E62 参加社会养老保险户数（户）	163	c. 五保供养村集体出资金额（元）	0
a. 参加社会养老保险人数（人）	570	E65 当年全村获得国家救助总额（万元）	62.35
E63 低保人数（人）	306	E66 村集体帮助困难户年出资额（元）	无

五　村庄治理与社会组织

老庄村的村支书曾是一位有多年村小任教经历的乡村教师，具有大专学历，是党龄 21 年的老党员，担任村支书工作 15 年，工作能力强、政治素质高，在村民中具有较高的威望和领导力。全村中共党员数量为 30 人，50 岁以上的有 17 人，高中及以上文化党员 12 人。全村社会治安稳定，近年未发生打架斗殴、偷盗、抢劫、上访等事件。

表2-12 老庄村村庄治理与基层组织情况

项目	结果	项目	结果
F11 全村中共党员数量（人）	30	F17 村民代表人数（人）	18
a.50岁以上党员数（人）	17	a.其中属于村"两委"人数（人）	2
b.高中及以上文化党员数（人）	12	F18 是否有村务监督委员会（①是②否→F19）	1
F12 是否有党员代表会议（①是②否→F13）	是	a.监督委员会人数（人）	3
a.党员代表人数（人）	1	b.属于村"两委"人数（人）	—
b.属于村"两委"人数（人）	6	c.属于村民代表人数（人）	—
F13 党小组数量（个）	1	F19 是否有民主理财小组（①是②否→F211）	是
F14 村支部支委会人数（人）	5	a.民主理财小组人数（人）	3
F15 村民委员会人数（人）	5	b.属于村"两委"人数（人）	1
F16 村"两委"交叉任职人数（人）	3	c.属于村民代表人数（人）	2

村委组织共有6人，其中村支书、村主任的任职届数都超过了5届，村委班子团结协作，工作敬业负责。调研过程中，村支书、村主任等村委干部对村庄农户的情况非常熟悉，人员和资源调动能力强，为课题组提供了很大的调研支持和细致翔实的信息。

表2-13 老庄村村委会成员基本情况

代号	职务	性别	年龄	文化程度	党龄	交叉任职	工资（元）	任职届数	任职前身份
F211	支书	男	53	大专	21	支部书记	12000	6	普通农民
F212	村主任	男	48	高中	19	村委会主任	12000	5	普通农民
F213	文书	男	48	初中	6	支部委员 村委委员	12000	2	普通农民
F214	村委员	男	46	初中	13	支部委员 村委委员	3600	2	普通农民
F215	村委员	男	32	初中	6	村委委员	—	1	普通农民
F216	村委员	女	38	初中	—	委员兼妇女主任	—	1	普通农民

以下是最近一届村委会民主选举的具体情况。

表 2-14　2016 年村委会换届选举情况

代号	年份	有选举权人数（人）	实际参选人数（人）	村主任得票数（票）	是否设有秘密划票间	书记与主任是否一肩挑	是否搞大会唱票选举	投票是否发钱发物	是否流动投票
F31	2016	618	493	424	有	否	是	否	否

六　教育科技文化水平

老庄村因为地处山区，基础教育、科技培训和文化水平发展相对落后，没有设置小学。本村幼儿园在园人数 23 人，小学阶段适龄儿童 28 人，其中女生 16 人，在县市上小学 28 人。在县城上中学 16 人，其中女生 9 人。学龄儿童入学率 100%。

2016 年村内举办农业技术讲座 10 次，村民参加农业技术培训有 620 人次，获得县以上证书农业技术人员 4 人，村民参加职业技术培训 400 人次，图书室、文化站 1 个，互动场地面积 400 平方米，藏书数量 2200 册。月均使用 360 人次，体育活动场所（原村小操场）1 个。

表 2-15　老庄村的技术培训与社会文化活动

项目	结果
G51 是否有农民文化技术学校（①是，②否）	否
G52 村内举办农业技术讲座次数（次）	10
G53 村民参加农业技术培训（人次）	620

项目	结果
G54 获得县以上证书农业技术人员数量（人）	4
G55 村民参加职业技术培训人次	400
G56 图书室、文化站个数（个）	1
a.如有，活动场地面积（平方米）	400
b.藏书数量（册）	2200
c.月均使用人数（人次）	360
G57 体育健身场所（个）	1
G58 棋牌活动场所（个）	—
G59 社团（老年协会、秧歌队等）个数（个）	—
G510 村民最主要宗教信仰（单选，代码1）	—
G511 具有各种宗教信仰群众数量（人）	—
G512 是否有教堂、寺庙等宗教活动场所（①是，②否→H11）	否
a.建设与维护费用主要来源（①群众集资②收费③社会捐助④其他）	其他自筹资金
b.多久举行一次活动（周）	15
c.平均每次活动参加人数（人）	60

七　村庄公共建设

老庄村村委会的办公场所约 150 平方米，2008 年始建，2016 年完成；卫生室 60 平方米，始建于 2015 年，同年完成。文化体育设施 1 处，始建于 2016 年，同年完成。村庄原有小学 1 座，撤村并校后迁入山下县镇，村庄中的许多农户因此下山租房或购买政府的移民房，为的是方便孩子就近上学。村小学旧址现为村委举办文化培训和宣传活动的主要场所（图 2-7）。调研组了解到，由于行政村的村组居民居住分散，又多为老幼妇孺群体，青壮年劳动力多下山打工，平时除了逢年过节，很难召集足够的村民开展社会文化活动，但是从老庄村2017年7月举办的第一次文化夏令营来看，村民们的参与积极性和热情很高，尽管参与者主要是留守村中的妇女、老人和儿童，但是举办了一整天的文化表演活动，村民演员们表示很激动也很希望经常有类似的表演、义诊活动，就像过节一样开心。

表 2-16　老庄村公共建设情况

项目名称（单位）	数量	建设开始时间（年）	建设完成时间（年）	投资额（万元）		
				农民集资	集体出资	上级拨款
J11 学校（平方米）	—	—	—	—	—	—
J12 村办公场所（平方米）	150	2008	2016	—	—	√
J13 卫生室（平方米）	60	2015	2015	—	—	√
J14 文化体育设施（处）	1	2016	2016	—	—	√
J15 其他项目（注明）	—	—	—	—	—	—

图 2-7　老庄村村委会旁边的山村小学校旧址，现为村委会举行活动的场所

第三节　老庄村的贫困现状及主要问题

一　老庄村的贫困现状

老庄村作为国家级贫困村，实施精准扶贫之前，按照国家贫困线标准计算的贫困率曾高达八成以上，脱贫任务艰巨。从《老庄村行政村调查问卷（调查年度：2016 年）》得到的信息，2014 年全村贫困户 14 户，贫困人口 55 人，因病致贫人口 18 人，因学致贫人口 16 人，因缺劳动力致贫人口 21 人；其中脱贫户 74 户，脱贫人口 55 人。2015年贫困户数 82 户，贫困人口数 292 人，因病致贫 93 人，因学致贫 84 人，因缺劳动力致贫 115 人。其中调入贫困人口数 55 人，脱贫户数 76 人，脱贫人口 278 人。2016 年贫困户数 8 户，贫困人口 25 人，因病致贫 6 人，因学致贫 9 人，因缺劳动力致贫 10 人。

表 2-17　老庄村建档立卡贫困人口统计

项目	2014 年	2015 年	2016 年
K1 贫困户数（户）	14	82	8
K2 贫困人口数（人）	55	292	25
a. 因病致贫人口	18	93	6
b. 因学致贫人口	16	84	9
c. 因缺劳动力致贫人口	21	115	10
K3 调出贫困户数（调整为非贫困户）	—	—	—
a. 调出贫困人口数	—	—	—
K4 调入贫困户数（调整为贫困户）	—	—	—
a. 调入贫困人口数	—	55	—
K5 脱贫户数	74	76	—
K6 脱贫人口数	55	278	—

二 老庄村减贫的主要障碍及挑战 [①]

老庄村位于洮阳镇西坪山区，是洮阳镇 7 个贫困村之一。2019 年，全村辖 4 个自然社，共计 189 户 803 人，从调研了解到的情况来看，老庄村扶贫工作主要面临以下几方面的困难。

（一）自然环境较差、耕地资源有限

老庄村地处干旱山区，生态环境脆弱，山区耕地面积有限，水土条件较差，气象灾害多发，导致靠天吃饭、广种薄收。老庄村现有耕地面积 2035 亩，人均 2.53 亩，2019 年种植黄芪 60 亩，党参 200 亩，玉米 700 亩，洋芋 600 亩，其他 370 多亩，退耕还林 100 亩。以马铃薯和玉米种植为主。

（二）贫困人群比较集中，贫困率高

根据村委会提供的《老庄村脱贫攻坚工作汇报材料（2019 年 9 月）》，2013 年老庄村全村共识别出建档立卡贫困户 95 户 370 人，贫困发生率为 45.96%。2014~2018 年累计脱贫 59 户 234 人，现有未脱贫建档立卡户 36 户 135 人（其中一类低保 2 户 7 人，二类低保 17 户 63 人，三类低保 8 户 30 人），贫困发生率为 16.89%。此外，全村有低保户 41 户 145 人（其中一类低保 2 户 7 人，二类低保 22 户 77 人，

---

① 本节中的数据均来自老庄村村委会提供的 2019 年 9 月脱贫攻坚工作最新统计资料。

三类低保 12 户 45 人，四类低保 5 户 16 人），五保户 1 人，残疾人 35 人（其中建档立卡户中残疾人 26 人）。

由于耕地有限，靠天吃饭难以维持生计，加上近年来气象灾害频发导致农作物收成不稳定，收入下降，老庄村外出务工人员较多，许多贫困家庭的留守老人、留守儿童生活困难。据 2019 年的统计，老庄村有外出务工人员 240 人（建档立卡贫困户有 66 人）。2014~2017 年共实施易地搬迁 77 户（其中建档立卡 45 户），李范家村易地扶贫移民安置点集中安置 62 户（其中建档立卡 40 户），插花安置 15 户（其中建档立卡 5 户）。

（三）发展潜力薄弱，缺乏可持续脱贫途径

老庄村地处偏远山区，人口受教育程度较低，中青年村民基本上都外出打工，留在山村的中老年群体普遍为小学、初中水平，体弱多病且大多缺乏可以谋生的劳动技能。村民们大多依靠种植、养殖为生，村主导产业为肉羊养殖＋马铃薯和玉米种植。村集体经济收入有限，通过众富产业合作社分红和土地流转所得，现村集体资产存量仅 2.865 万元。受山村的自然环境差和劳动力素质低、人口不断外流等现实条件的制约，村庄长期发展的人口和产业潜力有限，亟须寻找新的脱贫致富途径。

第三章

老庄村社会调查及问卷分析

第一节　调查问卷抽样方法

　　2017 年 5 月，课题组赴老庄村开展社会调查工作，在洮阳镇政府、老庄村村委会的大力支持下，完成了《老庄村住户调查问卷（调查年度：2016 年）》61 份，《老庄村行政村调查问卷（调查年度：2016 年）》1 份。住户调查问卷通过系统抽样获得并由调研对象填写完成，行政村调查问卷由老庄村村委会及驻村帮扶队协助填写完成。

　　课题组采取等距随机的系统抽样方法，从老庄村的农户花名册中抽取农户样本，每户选择一个农民（主要是户主）作为调查对象。在对样本村进行抽样时，首先，将村内住户分为建档立卡贫困户和非贫困户，分别作为抽样框。其次，按照这两组抽样框中的总户数，除以30，即分成等距的30份，每份之中抽取第一户，如果该户联系不到，则顺序抽取下一户。由于村庄居民分散在不同的山头，距离遥远，因此由村委协助电话联系被抽样的调研对象，课题组在村委会会议室集中进行访谈和问卷填写工作。同时，辅助以入户调查，分别实地走访并调研了村委干部、普通农户家庭、贫困（重大疾病）农户等数户典型家庭。

调查问卷的填写方式包括调查对象本人填写、本人回答问题由他人代填两种方式。由于课题组人员有限，加之当地方言的阻碍、部分村民不识字，近半数问卷由老庄村村委会和驻村帮扶队干部、洮阳镇扶贫干部代为提问并填写。问卷调查时间为3天，地点在老庄村村委会会议室，参与问卷调查的课题组成员及地方干部有10余人。

等距抽样步骤说明：

1. 在第一列，按顺序列出样本框所有住户编号（按照"建档立卡贫困户"名单、非贫困户名单分别进行等距抽样）。

2. 在第二列，将全体样本分成30组，按四舍五入，计算每组户数：89/30。如果不能除尽，则后入一位。

3. 从第1户开始，对每个组进行1~3的组内编号。其中，第30个组只有2户。

4. 对第一组生成一个随机数，成为"随机起点"，例如"1"。

5. 抽取每个组与随机起点相同的组内编号样本，将所有排列为 1 的编号户组成抽中样本。

6. 若随机起点的组内编号大于最后一组的样本数（例如最后一组样本数为 2，而随机起点为 3），则假设将最后一个样本与第一个样本相连。

7. 如抽中样本缺失，采取就近补足方法。第一个缺失的向后一位补足，第二个缺失的向前一位补足，以此类推。

图 3-1　调研组在村委干部协助下设计抽样框，确定并联系抽样农户

图 3-2　洮阳镇扶贫干部及老庄村村委会成员协助部分村民填写问卷

第二节　农户调查问卷主要内容及分析

《老庄村住户调查问卷》共抽取了老庄村 4 个自然社的贫困户 31 户、非贫困户 30 户。调查对象全体为农业户，户口都在本户，是本户常住人口。从主要社会身份来看，贫困户中属于村干部的有 1 位，村民代表 2 位，普通农民 28 位；非贫困户村干部有 2 位，普通农民有 28 位。其中 30 户非贫困户家庭中有 3 户曾是贫困户，有 20 户从未建档立卡的贫困户，有 2 户家庭不清楚，3 户贫困户经由 2015 年从建档立卡系统中调整出来。调整时乡村干部进入其家庭家访并签字盖章，符合调整的公开程序，并且进行了名单公示。

一　调查对象基本情况

（一）性别、年龄

贫困户作为调查对象的样本中男性有 28 位，占比

90.3%，女性有 3 位，占比 9.7%。其出生年份最早为 1941年，最近为 1973 年。1960 年之前的比例为 29%，1960 年后出生的比例为 71%。汉族比例为 93.5%，共有 29 户，仅有 1 户少数民族。非贫困户作为调查对象的样本中男性有 26 位，占比 86.7%，女性有 4 位，占比 13.3%。其出生年份最早为 1942 年，最近为 1973 年。1960 年之前的比例有 52.8%，1960 年后出生的比例为 47.2%。汉族比例为96.7%，共有 29 户，1 户不明。

（二）文化程度

调研的村民主要是初中及以下文化程度，高中文化程度只有 2 人。其中，贫困户文化程度为文盲的 2 位，小学程度 16 位，初中程度 13 位。非贫困户文化程度为文盲的有 2 位，小学程度有 14 位，初中程度有 12 位，高中程度有 2 位。贫困户与非贫困户在教育水平上差距不大。

表 3-1　老庄村人口的文化程度

文化程度	贫困户（户）	百分比（%）	非贫困户（户）	百分比（%）
①文盲	2	6.5	2	6.7
②小学	16	51.6	14	46.7
③初中	13	41.9	12	40.0
④高中	0	0	2	6.7
总计	31	100.0	30	100.0

注：表中的"贫困户／非贫困户"是指填写频率，"总计"指实际填写该项的人数，"百分比"是指有效填写人数占该类全部问卷数的比例。以下皆同。

（三）婚姻状况

贫困户婚姻状况为 24 户已婚，1 户离异，5 户丧偶，1 户处于同居状态。非贫困户已婚的有 26 户，丧偶 4 户。两者相比发现，贫困户可能是因为经济情况的不稳定，婚姻状态更为复杂。非贫困户则有更稳定的婚姻状态。

表 3-2　老庄村的人口婚姻状况

婚姻状况	贫困户（户）	百分比（%）	非贫困户（户）	百分比（%）
①已婚	24	77.4	26	86.7
③离异	1	3.2		
④丧偶	5	16.1	4	13.3
⑤同居	1	3.2		
总计	31	100.0	30	100.0

（四）健康状态

调查对象中贫困户当前健康状况为健康的有 20 人，长期慢性病的有 6 人，患有大病的有 2 人，身体残疾的有 2 人。2016 年参加体检的有 15 人，明确没有参加体检的有 12 人。非贫困户当前健康状况为健康的有 20 人，长期慢性病的有 7 人，身体残疾的有 3 人。2016 年参加体检的有 5 人，明确没有参加的有 25 人。贫困户享有一年一次的免费体检，所以整体体检率要高于非贫困户。两类家庭 2016 年发病需要治疗情况如下：其中贫困户主要成员需要治疗的有 17 户，占调查总数的 54.8%；非贫困户需要治疗的有 10 户，占 33.3%。

从家庭劳动力、自理能力来看，21 位贫困户是普通全

劳动力，1 位是技能劳动力，2 位是部分丧失劳动能力，6
位是无劳动能力但有自理能力，1 位是无自理能力。非贫
困户有 17 位是普通全劳动力，技能劳动力 2 位，部分丧
失劳动能力 4 位，没有劳动能力但有自理能力的共 7 位。
从单个劳动力自理能力的对比来看，出现贫困户优于非贫
困户的一个重要原因是调查对象的年龄。其中参加来访贫
困户 1960 年后出生的人数占比较大，年龄相对较轻；来
访非贫困户则大量为 1960 年以前出生的人，年龄较大。
比较来看，贫困户家庭中不健康人数比例要多于非贫困户
家庭，且以主要劳动力身体健康状况不佳为特点。

表 3-3　老庄村人口的健康状况

当前健康状况	贫困户（户）	百分比（%）	非贫困户（户）	百分比（%）
①健康	20	64.5	20	66.7
②长期慢性病	6	19.4	7	23.3
③患有大病	2	6.5		
④残疾	2	6.5	3	10.0
总计	30	96.8	30	100.0
2016 年参加体检情况	贫困户（户）	百分比（%）	非贫困户（户）	百分比（%）
①是	15	48.4	5	16.7
②否	12	38.7	25	83.3
总计	27	87.1	30	100.0
劳动力、自理能力	贫困户（户）	百分比（%）	非贫困户（户）	百分比（%）
①普通全劳动力	21	67.7	17	56.7
②技能劳动力	1	3.2	2	6.7
③部分丧失劳动能力	2	6.5	4	13.3
④无劳动能力但有自理能力	6	19.4	7	23.3
⑤无自理能力	1	3.2	0	0
总计	31	100.0	30	100.0

（五）家庭规模

总体看，含有 7 个家庭成员的户数在两组家庭中的占比都比较低，贫困户家庭占比为 9.7%，非贫困户家庭占比为6.7%。贫困组家庭中 1 人规模的家庭和 2 人规模的家庭都仅有 1 户，大部分农户家庭成员集中于 3 人和 4 人规模，分别达到 22.5% 和 32.3%，总和为 54.8%；超过 5 人（含 5 人）规模达到了 38.7%。非贫困组无 1 人规模的家庭，其中 2 人到 3 人规模家庭户数均占到 13.3%；大部分集中于 4 人和 5人的家庭规模，分别达到 23.3% 和 30%，超过 5 人（含 5 人）规模的户数占到了 50%。从代际来看，5 人及以上人口数是三代人的家庭规模，非贫困组达到第三代的户数比贫困组更多，从图上也能看到非贫困组家庭趋重于 5 人以上，贫困组则趋重于 3 人及 4 人。但从 6 人及 7 人规模来看，贫困组户数大于非贫困组，有可能是由于扶贫政策的影响，扶助金额与家庭人口数相关，为了取得更多的扶贫补助，所以没有进行户口拆分，形成了较大的人口规模（见图 3-3）。

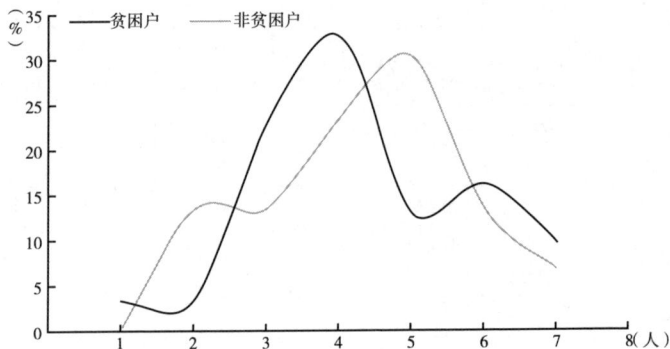

图 3-3 老庄村两类农户的家庭规模比较

（六）家庭劳动力

从本地常住人口劳动力人数这一项指标来看（见表3-4），贫困户中仅有1个劳动力的家庭有9户，占比29%。2个劳动力的家庭有10个，占比为32.3%。3个劳动力的家庭有4个，占比12.9%。4个劳动力的家庭有2个，占比6.5%。非贫困户仅有1个劳动力的家庭有9户，占比为30%。2个劳动力的家庭有13个，占比43.3%。3个劳动力的家庭有3个，占比10%。5个劳动力家庭有1个，占比3.3%。两类家庭中有0个劳动力的贫困户和非贫困户户数各有3户和1户。从以上数据描述发现，贫困户和非贫困户家庭的劳动力数量相差不多。对比来看，两类家庭都以户主为主要劳动力，但非贫困户的占比更高，以家庭中第2代人口为劳动力的情况也相差不多。但非贫困户除主要劳动力外，第2代劳动力的数量要多于贫困户。贫困户和非贫困户两类家庭的干活时长均值相差不多，贫困户每周略长于非贫困户2小时，其最大值均达到了70小时/周。

表3-4　老庄村本地常住人口的劳动力数量

劳动力人数（人）	贫困户（户）	百分比（%）	非贫困户（户）	百分比（%）
0	3	9.7	1	3.3
1	9	29.0	9	30.0
2	10	32.3	13	43.3
3	4	12.9	3	10.0
4	2	6.5	0	0
5	0	0	1	3.3
总计	28	90.3	27	90.0

二 农户在家务农及外出务工情况

（一）在家务农

统计发现，贫困户与非贫困户在家务农与外出务工的时间差不多。贫困户在家时间为 3~6 个月的有 1 位，6~12 个月的有 30 位。非贫困户在家时间 3 个月以下的有 1 位，3~6 个月的有 1 位，6~12 个月的有 28 位。

表 3-5 老庄村常住人口的在家时间

在家时间	贫困户（户）	百分比（%）	非贫困户（户）	百分比（%）
①3 个月以下	0	0	1	3.3
②3~6 个月	1	3.2	1	3.3
③6~12 个月	30	96.8	28	93.3
总计	31	100.0	30	100.0

两类家庭最近一星期的累积劳动时间如下：贫困户以 30 小时为最大频率，共有 5 户，占比 16.1%，以 56 小时为最长时长，共有 4 户，占比 12.9%。非贫困户仅有 2 户填写劳动时间，分别是 30 小时和 42 小时。

表 3-6 老庄村人口的劳动时间

最近一个星期累计劳动时间（小时）	贫困户（户）	百分比（%）	非贫困户（户）	百分比（%）
30	5	16.1	1	3.3
40	2	6.5	1	3.3
50	2	6.5	—	—
56	4	12.9	—	—
总计	13	41.9	2	6.6

贫困户 2016 年劳动时间以 200 天为较多频率，共有 8 户，占比 25.8%，其次为 300 天，共有 6 户，占比 19.4%，最小劳动天数为 100 天，最大劳动天数为 360 天。劳动天数不超过 200 天的家庭占比 63%。非贫困户 2016 年劳动时间以 300 天为最多频率，共有 6 户，占比 20%，其次为 200 天，共有 5 户，占比为 16.7%，最小劳动天数为 120 天，最大劳动天数为 360 天，劳动天数不超过 200 天的家庭占比 51.9%。

从两类家庭的劳动时间相比来看，劳动天数越大，家庭数量越少，贫困户和非贫困户都集中于 190~200 天。两类家庭劳动天数的众数类似，但非贫困户较贫困户的劳动天数超过 200 天的户数要更多。

（二）外出务工

务工状况中，两类群体中均没有遇到在省外务工的调研对象。在乡镇内务工、乡镇外县内务工、县外省内务工的贫困户各有 2 户，25 户主要是在家务农。

表 3-7　老庄村常住人口的务工状况

务工状况	贫困户（户）	百分比（%）	非贫困户（户）	百分比（%）
①乡镇内务工	2	6.5	—	—
②乡镇外县内务工	2	6.5	1	3.3
③县外省内务工	2	6.5	1	3.3
④其他（包括在家务农、学生、军人等情况）	25	80.7	20	66.7
总计	31	100.0	22	73.3

贫困户中，在外务工时间在 3 个月以下的有 4 户，3~6 个月的有 3 户，6~12 个月的有 5 户，其余 19 户并无在外务工情况。

表3-8　老庄村常住人口的务工时间

务工时间	贫困户（户）	百分比（%）	非贫困户（户）	百分比（%）
①3 个月以下	4	12.9	0	0
②3~6 个月	3	9.7	1	3.3
③6~12 个月	5	16.1	7	23.3
无	19	61.1	11	36.7
总计	31	100.0	19	63.3

务工收入带回家的贫困户有 11 户。非贫困户在乡镇外县内务工、县外省内务工的各有 1 户，在家务农的有 20 户。在外务工时间在 3~6 个月的有 1 户，6~12 个月的有 7 户，无务工的有 11 户。务工收入带回家的有 9 户。

表3-9　老庄村常住人口的务工收入去向

务工收入主要带回家	贫困户（户）	百分比（%）	非贫困户（户）	百分比（%）
是	11	35.5	9	30.0
否	10	32.3	3	10.0
总计	21	67.7	30	40.0

从贫困户与非贫困户的本地自营非农业情况整体来看，两类家庭的非农业参与率都比较低。其中贫困户仅有 1 户家庭从事 100 天的非农业经营，1 户从事 270 天的非农业经营；非贫困户有 3 户从事 100 天的非农业经营，1 户从事 200 天、1 户从事 360 天的非农业经营。

在本地打零工的贫困户第一劳动力有 6 户，其中工作天数最小值为 20 天，最大值为 180 天，即一个月到半年的时长跨度。非贫困户本地打零工情况仅有 3 户家庭填写，其最小值为 20 天，最大值为 150 天，即一个月到 5 个月的时长跨度。两类家庭打零工的情况并不算多，贫困户要大于非贫困户。

贫困户和非贫困户最主要工作的行业是农、林、牧、渔业和建筑业。其经营受雇情况如下，贫困户有 5 户是受雇工作，有 7 户是自主经营，非贫困户经营、受雇家庭情况则是各有 6 户。贫困户的平均日工资最小值为 100 元，最大值为 200 元，非贫困户平均日工资最小值为 80 元，最大值为 120 元。在填写的用户中，贫困户平均上班天数最小值为 16 天，最大值为 30 天；非贫困户平均上班天数最小值为 20 天，最大值为 30 天。

表 3-10　老庄村常住人口的受雇或经营状况

经营还是受雇	贫困户（户）	百分比（%）	非贫困户（户）	百分比（%）
①受雇	5	16.1	6	20.0
②经营	7	22.6	6	20.0
总计	12	38.7	12	40.0

三　家庭收入与消费情况

（一）农业收入与支出

贫困户与非贫困户两组在收入区间上的数量差距较

大。贫困户在 2016 年的收入中，低于 4000 元的有 5 户，非贫困户在此区间的户数少；二者在 4000~10000 元区间的数量基本相当，但非贫困户接近万元收入的户数更多。介于 1 万 ~2 万元的收入对比中，贫困户多于非贫困户，但从介于 2 万 ~3 万元、3 万 ~4 万元的收入来看，非贫困户多于贫困户（见图 3-4）。

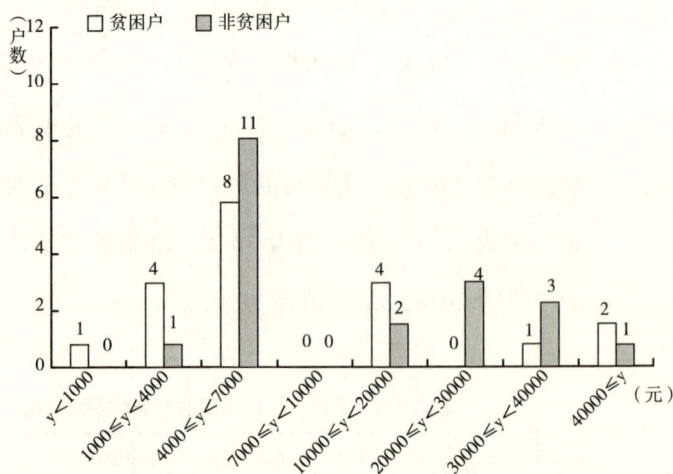

图 3-4 老庄村两类农户 2016 年家庭收入对比

不管是从农业经营收入、农业经营支出还是工资性收入的比较上看，非贫困户的平均值都要大于贫困户，其中农业收入均值的差值达到了 1922 元，工资性收入均值差值达到了 5989 元、农业支出均值差值为 609 元。而在农业经营支出上，贫困户的最大值超过了非贫困户 2000 元（见表 3-11）。

表 3-11　老庄村两类农户的收入与支出比较

单位：元

项目	贫困组	非贫困组
农业经营收入		
平均值	7877.59	9800.00
最小值	2000	2000
最大值	15450	35000
人数（人）	30	30
农业经营支出		
平均值	2890.74	3500.00
最小值	900	1000
最大值	10000	8000
人数（人）	27	29
工资性收入		
平均值	9668.75	15658
最小值	4000	3000
最大值	36000	43000
人数（人）	16	19

在农业支出分区间的对比上，贫困户和非贫困户分别有 21 户和 18 户家庭介于 1000~4000 元，而非贫困户更有近 1/3 的家庭介于 4000~7000 元的范围。从农业经营收入区间比较来看，二者都相对集中于 4000~20000 元的区间内，而贫困户显得更加收敛于 7000~10000 元区间，非贫困户则在此区间略有下降的波动，在 1 万元以上区间的数量又有所抬升。

从非农业经营收入和支出比较来看，贫困户和非贫困户之间的差异主要表现在，一是区间跨度上，非贫困户整体支出和收入都要大于贫困户，其中非农业经营收入项，贫困户集中在 1000~20000 元之间，而非贫困户则突破到 4 万元的区间；在非农业经营支出上，贫困户大多落在了 1000~4000 元的区间内，而非贫困户则突破到 2 万元以内。二者在农业上的组间数量差异不明显，但在非农业上的组间数量差异较大。这意味着贫困户的主要投入是在农业上，而非贫困户除了农业上的投入外还有较多的非农投入，且投入的程度极为不同。

（二）非农业收入

由于统计的是 2016 年的收入，调查对象中部分非贫困户是从贫困户中脱贫的，所以二者都出现了低保户数据。其中贫困户最高的低保金额落在了 1 万 ~2 万元区间，而之前是贫困户现在是非贫困户的家庭曾得到的低保金落在了 4000~7000 元区间。二者组间数量差距较大。老庄村全面覆盖了老年人口的养老金，所以老年人口收入数额相同，但家中老年人口数不同导致了非贫困户出现了 1 户高数值的养老金收入。

表 3-12　老庄村两类农户的低保收入与养老金情况对比

单位：元

区间	低保收入		养老金、离退休金收入	
	贫困户	非贫困户	贫困户	非贫困户
$y < 1000$	0	0	0	0
$1000 \leqslant y < 4000$	6	2	15	17
$4000 \leqslant y < 7000$	8	8	0	0
$7000 \leqslant y < 10000$	2	0	0	0
$10000 \leqslant y < 20000$	7	2	0	0
$30000 \leqslant y < 40000$	0	0	0	1

从表 3-13 中可以看到，贫困户基本没有汇报财产性收入及赡养性收入，非贫困户也仅有 1 户给出了 2 万元的财产性收入。

表 3-13　老庄村两类农户的财产性收入与赡养性收入对比

财产性收入（元）	贫困户（户）	百分比（%）	非贫困户（户）	百分比（%）
0	9	29	1	3.3
20000	0	0	1	3.3
总计	9	29.0	2	6.6

从农业等其他类别的补贴性救济情况来看，两组别间的差距不大。农业作为本地经济重要来源，相关补贴受到自然灾害、塑料薄膜的使用等外在因素的影响。从救济金区间数量存在普遍性来看，贫困户和非贫困户之间的差距相当小。贫困户收到的救济金均值为 577.73 元，最小值为 186 元，最大值为 2280 元；非贫困户收到的救济金均值为 524.43 元，最小值为 60 元，最大值为 1054 元，均值之差为 53.3 元。就此来看，老庄村的贫困户仍有大量从事农业种植经营的，在农业补贴方面得到比较好的政策支持，此项补贴面对全部农户，贫困户反映该项补贴的效果不错。

表 3-14　老庄村两类农户的补贴性收入（含救济、农业及其他）对比

单位：户

收入区间（元）	贫困户	非贫困户
y<500	11	11
500 ≤ y < 1000	8	7
1000 ≤ y < 2000	1	2
2000 ≤ y	1	
总计	21	20

（三）家庭消费支出

表 3-15 为调查中填写该项的农户 2016 年的家庭纯收

入、生活消费支出的分类推算的总体情况。可见，老庄村农户贫困户家庭纯收入汇报值在 354~53502 元，均值为 12057 元，家庭生活消费支出在 2000~46900 元，平均为 10794 元；非贫困户家庭纯收入均值为 15675 元，生活消费支出均值为 14552 元。两类家庭自身的收支非常接近，家庭剩余很少。其中贫困户生活支出最高数额的家庭有一笔 4.2 万元的教育支出；非贫困户则由于报销后医疗总支出耗费 3 万元占到了支出的大比重，以至于支出较高。

表 3-15 老庄村两类家庭收入和生活消费支出分类别统计

单位：元

类别	项目	个案数（户）		平均值		最小值		最大值	
		贫困户	非贫困户	贫困户	非贫困户	贫困户	非贫困户	贫困户	非贫困户
收入（元）	2016 年家庭收入（依据分项推算）	20	22	12057	15675	354	3261	53502	55000
	工资性收入	17	23	11217	15658.26	0	0	36000	43000
	农业经营收入	29	29	7877.59	9800	2000	2000	15450	35000
	非农业经营收入	17	13	3288.24	9746.15	0	0	13000	30000
	低保金收入	26	21	6414.08	5160.86	0	0	17928	14940
	礼金收入	15	9	701	1333.33	0	0	10000	8000
	养老金、离退休金收入	21	21	1022.86	2923.81	0	0	2040	35000
	补贴性收入救济、农业及其他	21	20	577.73	524.43	186	60	2280	1054
	去年底家庭存款（包括借出的钱）	19	22	5289.47	4591.82	0	0	34000	40000
	去年底家庭贷款（包括借入的钱）	21	28	33896.55	39928.57	0	0	150000	200000
支出（元）	2016 年家庭生活消费（依据总支出推算）	21	20	10794.29	14552.5	2000	2300	46900	39400
	食品支出	31	30	4637.10	5633.33	1000	2000	16000	12000
	养老保险费	31	30	261.29	333.33	100	0	500	3000
	合作医疗保险费	31	30	584	638	150	300	1050	1050
	报销医疗费	8	5	1980	4190	200	2250	4000	10000
	礼金支出	29	28	2274	2450	750	1000	5000	4200
	农业经营支出	27	29	2890.74	3500	900	1000	10000	8000

从占农村社区支出大类的人情往来看，老庄村两类家庭的礼金收入户数都少，但各自的最小值和最大值之间数额相差较多。其中贫困户的最高礼金达到了1万元，而非贫困户的一户家庭最高礼金为8000元，礼金支出上二者分布区间较为接近，均值以及最大值、最小值相当。由此可见，对贫困户与非贫困户两类群体而言，人情风俗导致的礼金费用占到了部分家庭的大半支出。这类财富转移相当于增加了贫困家庭的负担，应倡导移风易俗，减少婚丧嫁娶等习俗中的铺张浪费，降低红白喜事的礼金负担。

四 子女及家庭教育

（一）子女人数

老庄村调研对象中贫困户家庭年满3~18岁的子女数为17人，非贫困户家庭年满3~18岁的子女数为18人。结合其家庭的教育支出来看，考虑到贫困户家庭因子女年幼未能上学等原因外，其子女就学人数仅占所有子女人数的一半，而非贫困户家庭子女就学人数临近全员。由此可见，贫困户的子女教育较非贫困户要给予更多的政策扶持，使适龄上学孩童能够进入学校，在教育扶贫政策的资助下完成九年制义务教育，这对于提升贫困户家庭下一代的劳动力素质、增强就业竞争力，从而改善家庭未来生计状况具有积极和长远的影响。

表 3-16 老庄村两类家庭年满 3~18 周岁子女人数

子女数	贫困户（户）	百分比（%）	非贫困户（户）	百分比（%）
0	17	54.8	12	40.0
1	11	35.5	14	46.7
2	3	9.7	2	6.7
户数总计	31	100.0	28	93.3
人数总计	17	—	18	—

（二）教育支出

教育程度的提高能够显著提升劳动力的质量，对于贫困地区的贫困家庭而言，教育是实现脱贫的重要途径。从老庄村的调研来看，贫困户和非贫困户教育支出的均值差异较大，贫困户家庭的教育支出均值达到了 11437 元，而非贫困户的教育支出仅有 8934 元。这一差异应该主要来自政府精准扶贫政策给予贫困户学生的教育资助。

表 3-17 老庄村两类家庭的子女教育支出

单位：户

区间（元）	教育总支出	
	贫困户	非贫困户
$y < 1000$	1	0
$1000 \leqslant y < 4000$	3	6
$4000 \leqslant y < 7000$	1	4
$7000 \leqslant y < 10000$	1	0
$10000 \leqslant y < 20000$	1	3
$30000 \leqslant y < 40000$	1	3
$40000 \leqslant y$	0	
总计	8	16
平均值（元）	11437	8934
最小值（元）	200	2000
最大值（元）	42000	26000

五 社会保障

    贫困户和非贫困户可享受到的社会保险多为医疗、养老，但不存在工伤保险、失业保险、生育保险和公积金。由于没有固定的工作，两类家庭所能享受的保险类型较为有限。其中两类家庭就业中所能享受到的社会保险情况如表3-18所示：贫困户享受医疗保险的有7户，占比22.6%，养老有6户，占比19.4%，工伤有2户，占比为6.5%，没有1户家庭有生育保险、失业保险和公积金。非贫困户享受医疗保险的有5户，占比16.7%，养老保险有3户，占比10%，工伤保险有1户，占比3.3%，非贫困户家庭没有1户享受失业保险、生育保险和公积金。

表3-18　老庄村常住人口的社会保险情况

社会保险类型	是否有	贫困户（户）	百分比（%）	非贫困户（户）	百分比（%）
医疗	0	0	0	0	0
	1	7	22.6	5	16.7
	总计	7	22.6	5	16.7
养老	0	1	3.2	2	6.7
	1	6	19.4	3	10.0
	总计	7	22.6	5	16.7
工伤	0	5	16.1	4	13.3
	1	2	6.5	1	3.3
	总计	7	22.6	5	16.7
失业	0	7	22.6	5	16.7
	1	0	0	0	0
	总计	31	100.0	30	100.0
生育	0	7	22.6	5	16.7
	1	0	0	0	0
	总计	7	22.6	5	16.7
公积金	0	7	22.6	5	16.7
	1	0	0	0	0
	总计	7	22.6	5	16.7

（一）养老保险

从养老保险费的缴纳情况来看（表 3-19），贫困户每户家中都有老人，缴纳户数达到 100%，而非贫困户则有 2 户未缴纳养老保险费。从金额上看，贫困户的养老保险费用较低，最小值到最大值的跨度仅为 100~500 元，而非贫困户最大值达到了 3000 元。老庄村的养老保险整体覆盖率高，贫困户和非贫困户享受到同样的养老保险权益。

表 3-19　老庄村两类农户的养老保险缴费情况对比

养老保险费（元）	贫困户（户）	百分比（%）	非贫困户（户）	百分比（%）
0	0	0	2	6.7
100	6	19.4	2	6.7
200	6	19.4	14	46.7
300	14	45.2	6	20.0
400	4	12.9	3	10.0
500	1	3.2	2	6.7
3000	0	0	1	3.3
总计	31	100.0	30	100.0

我国城乡养老保险目前主要有四种类型，即城乡居民基本养老保险、城镇职工基本养老保险、商业养老保险、退休金等。老庄村的调研表明，农户主要依靠政策性的养老保险及家庭养老方式。两类家庭的养老情况主要从是否感觉有保障和保障方式体现。其中贫困户有 23 户认为自己养老有保障，占比 74.2%，非贫困户有 24 户认为自己有保障，占比为 80%。其保障方式有依靠子女、个人积蓄、养老金和个人劳动等。其中子女养老方式在两类家庭中分别占比 80.6% 和 96.7%，个人积蓄方式仅有非贫困户 3 户，依靠养老金养老的比例在两类家庭中都比较高，其

中贫困户 20 户，占比 64.5%，非贫困户 15 户，占比 50%；依靠个人养老的情况是贫困户 7 户，占比 22.6%，非贫困户 6 户，占比 20%。可见老庄村老龄人口主要依靠的是传统的子女养老，同时也有政府提供的养老金保障。从问卷调研和个体访谈来看，贫困户和非贫困户对于养老保障的现状基本满意。两类农户的基本养老保险参与度分别达到 80.6% 和 70%（见表 3-20）。

表 3-20　老庄村两类农户的基本养老保险参与度对比

基本养老保险参与人数	贫困户（户）	百分比（%）	非贫困户（户）	百分比（%）
无	2	6.5	4	13.3
有	25	80.6	21	70.0
总计	27	87.1	25	83.3

（二）医疗保险

老庄村的全部调查对象都享有新农合医疗保障。贫困户达到年龄要求享有城乡居民基本养老保险的有 25 户，非贫困户有 21 户。缴纳合作医疗保险费的家庭比例为 100%，贫困户 31 户，非贫困户 30 户。两组的差别主要集中在小于 500 元的组内。贫困户家庭缴纳的均值要小于非贫困户家庭。从调查对象的情况来看，贫困户在报销医疗费的数额上要小于非贫困户，报销医疗费家庭数为 8 户，其均值为 1980 元，最大值为 4000 元，最小值为 200 元；非贫困户报销医疗费的家庭有 5 户，其均值在 4190 元，最小值 2255 元，最大值 10000 元。从整体所患疾病的种类来看，慢性病普遍存在，医疗费的报销数额却有较大差距。从数据上推断，贫困户虽然存在看病和治病的行为，但整体医疗花销远低于非贫困户家庭。这一点在个体访谈中得到了部分证实，不少村民都有长期慢性疾病，如关节炎、胃病、高血压等，但是因为下山看病不方便，看病花销太大，往往不选择住院治疗，尤其是贫困家庭的老年人口，靠买些常用药品对付过去，无法享受大病统筹的医疗保险政策。

表3-21 老庄村两类农户的医疗保险报销费用对比

单位：户

区间（元）	报销医疗费	
	贫困户	非贫困户
y<1000	3	0
1000 ≤ y < 2000	1	0
2000 ≤ y < 3000	1	3
3000 ≤ y < 4000	2	1
4000 ≤ y	1	1
户数（户）	8	5
平均值（元）	1980	4190
最小值（元）	200	2255
最大值（元）	4000	10000

六 耕地资源及自然灾害

（一）农户耕地资源

老庄村主要有以下几类农用地：灌溉耕地、旱地、园地、林地、牧草地（见表3-22）。

其中贫困户家庭有效灌溉耕地的自有面积为11.5~25亩不等，旱地的自有面积和经营面积数量相当，集中在5~15亩，3户家庭超过15亩，3户不足5亩，自有面积均值为 9.5 亩，经营面积均值为 10.1 亩；其园地自有面积为 5 亩，仅 1 户贫困户家庭拥有此类农用地；林地的自有面积小于 10 亩的有 10 户，超过 10 亩的有 6 户，均值为 10.3 亩，经营面积小于 10 亩和超过 10 亩的各有 4 户，均值为 10.1 亩。牧草地的自有面积全都小于 5 亩，均值为 1.7 亩；经营面积均值为 2 亩。

非贫困户旱地自有面积与经营面积在 5~15 亩，不超过 5 亩的只有 2 户，超过 15 亩的有 6 户，自有面积均值为 11.3 亩，经营面积均值为 10.7 亩；林地自有面积情况是 14 户拥有量小于 5 亩，超过 5 亩的有 11 户，均值为 7.8 亩；经营面积多数不超过 5 亩，均值为 5.5 亩；牧草地经营仅有 3 户拥有，均值为 2.7 亩。

表 3-22　老庄村农户的家庭耕地情况

农用地类型	权属类型	平均耕地面积（亩）	
		贫困户	非贫困户
有效灌溉耕地	自有面积	11.5~25	—
旱地	自有面积	9.5	11.3
	经营面积	10.1	10.7
园地	自有面积	5	1
林地	自有面积	10.3	7.8
	经营面积	10.1	5.5
牧草地	自有面积	1.7	2.4
	经营面积	2	2.7

（二）自然灾害及影响

2016 年的农业生产遭受自然灾害（主要是当年春夏连旱导致的损失）的贫困户有 29 户，比例达 93.5%；非贫困户 29 户，比例达 96.7%（见表 3-23）。具体损失数额，贫困户的损失估计从 200 元到 8000 元不等，损失的中位数为 2650 元；非贫困户损失估计从 750 元到 8000 元不等，损失的中位数为 3500 元。

表 3-23　自然灾害对老庄村农户农业生产的影响

2016 年农业生产是否遭遇自然灾害	贫困户（户）	百分比（%）	非贫困户（户）	百分比（%）
是	29	93.5	29	96.7
否	2	6.5	1	3.3
总计	31	100.0	30	100.0

农产品遇到的卖难问题为单选（见表 3-24）。近半数农户面临的卖难问题主要是价格下跌，其次是销售困难。遇到价格下跌影响收入的贫困户有 15 户，占比 48.4%，非贫困户有 13 户，占比 43.3%，是一个较为普遍的问题。销售困难的贫困户有 4 户，占比 12.9%，非贫困户 9 户，占比 30%。贫困户因灾导致卖难损失的估计数额从 400 元到 8000 元不等，中位数为 2000 元；非贫困户损失估计的数额从 750 元到 7000 元不等，中位数为 2800 元。

表 3-24　自然灾害对老庄村农户的农产品销售影响
2016 年主要农产品是否遇到卖难问题

项目	贫困户（户）	百分比（%）	非贫困户（户）	百分比（%）
①销售困难	4	12.9	9	30.0
②价格下跌	15	48.4	13	43.3
③未涉及	9	29.0	5	16.7
④不适用	1	3.2	2	6.7
总计	29	93.5	29	96.7

七　生活方式与消费水平

（一）基本生活

　　贫困户和非贫困户两类家庭的干活时长均值相差不多，贫困户每周略长于非贫困户2小时，其最大值均达到了70小时/周。从贫困户与非贫困户二者的业余生活（工作、睡觉之外的时间消耗）来看，重要性位于第一位的活动是看电视，其分别占到了贫困户与非贫困户的64.5%和83.3%。调研表明，最近一周平均每天看电视时间为4.79小时；而社会交往同时是第一重要性这一排序中二者第二多的活动，最近一周所有调查对象每天平均睡觉时间为7.9小时。从表3-25中可以看出，业余时间的安排上二者相差不大。

表3-25　老庄村家庭业余时间及主要活动

业余时间的主要活动排序	贫困户（户）	百分比（%）	非贫困户（户）	百分比（%）
②社会交往	5	16.1	3	10.0
③看电视	20	64.5	25	83.3
④参加文娱体育活动	2	6.5	1	3.3
⑦休息	2	6.5	0	0
⑧做家务	0	0	1	3.3
⑩什么也不做	1	3.2	0	0
总计	30	96.8	30	100.0

说明：全部选项包括①上网、②社会交往、③看电视、④参加文娱体育活动、⑤参加学习培训、⑥读书看报、⑦休息、⑧做家务、⑨照顾小孩、⑩什么也不做、⑪其他。

（二）家庭耐用消费品

从两类农户的家庭耐用消费品拥有数量来看，彩电的普及率最高，基本涵盖了所有家庭；而空调相对村庄整体而言是稀缺品，非贫困户也没有一户家庭拥有空调；洗衣机是第二大普及的家电设备，家中拥有1台洗衣机的贫困户占到了77.4%，非贫困户占到了76.7%，而有1户贫困户家中有2台洗衣机；电冰箱或冰柜是第三大普及的家电设备，贫困户家庭拥有量占到了64.6%，非贫困户占到了66.7%（见表3-26）。

表3-26　老庄村家庭耐用消费品拥有数量（当前仍使用）

家电（台数）		贫困组（户）	百分比（%）	非贫困组（户）	百分比（%）
彩色电视机	0	0	0	0	0
	1	29	93.5	29	96.7
	总计	29	93.5	29	96.7
空调	0	7	22.6	3	10.0
	1	0	0	0	0
	总计	7	22.6	3	10.0
洗衣机	0	0	0	1	3.3
	1	24	77.4	23	76.7
	2	1	3.2	0	0
	总计	25	80.6	24	80.0
电冰箱或冰柜	0	1	3.2	1	3.3
	1	20	64.6	20	66.7
	总计	21	67.8	21	67.8

通信设备中，明确表示没有固定电话的贫困户家庭有22.6%，非贫困户家庭仅有10%；手机的拥有数量与家庭成员数有关，两个类别的家庭中大部分都仅有1部，而贫困户拥有2部手机到5部手机的家庭分别有1户、2户、

1户和1户，非贫困户家庭有2部手机和5部手机的户数各仅有1户。这说明通信设备在两类家庭中的普及率都较高，较少存在信息隔绝的情况。联网智能手机的普及率则较低，贫困户家庭联网手机覆盖率占到整体的41.9%，而非贫困户家庭联网手机覆盖率占到了整体的30%，差距较为明显。电脑属于稀缺品，仅有一户贫困户家中有1台电脑设备，非贫困户中没有家庭拥有电脑（见表3-27）。

表3-27 老庄村家庭通信设备拥有率

通信设备（台数）		贫困组（户）	百分比（%）	非贫困组（户）	百分比（%）
电脑	0	6	17.4	3	10.0
	1	1	3.2	0	0
	总计	7	20.6	3	10.0
固定电话	0	7	22.6	3	10.0
	1	1	3.2	0	0
	总计	8	25.8	3	10.0
手机	1	23	74.3	27	90
	2	1	3.2	1	3.3
	3	2	6.5	0	0
	4	1	3.2	0	0
	5	1	3.2	1	3.3
	总计	28	90.3	29	96.6
联网的智能手机	0	0	0	1	3.3
	1	10	32.2	7	23.3
	2	0	0	1	3.3
	3	3	9.7	0	0
	4	0	0	1	3.3
	总计	13	41.9	10	29.9

从表3-28交通工具的拥有情况看，摩托车/电动自行车的普及率较高，贫困户家庭普及率达到87.1%，非贫困户家庭达到86.6%；轿车/面包车普及率在两组家庭中普遍较低，非贫困户仅有1户家庭拥有1辆；两类家庭中都

没有卡车、中巴车、大客车；拖拉机拥有量则相当。从以上数据看，必要的交通工具普及率较高，而属于高消费，可以用于生产、跑运输的交通工具的普及率较低。老庄村村民大多以农业种植为主，高消费水平的交通工具一是难以用到，二是目前对大部分村民而言消费难度较大。

表3-28　老庄村家庭交通工具拥有情况

交通工具（台/辆数）		贫困组（户）	百分比（%）	非贫困组（户）	百分比（%）
摩托车/电动自行车（三轮车）	0	0	0	2	6.7
	1	26	83.9	26	86.6
	2	1	3.2	0	0
	总计	27	87.1	28	93.3
轿车/面包车	0	6	19.4	2	6.7
	1	0	0	1	3.3
	总计	6	19.4	3	10.0
拖拉机	0	6	19.4	2	6.7
	1	5	16.1	5	16.7
	总计	11	35.5	7	24.4

耕作机械上两组的差异较为明显（见表3-29），其中贫困组拥有耕作机械的户数有8户，占到了25.8%，而非贫困户家庭的耕作机械拥有户数仅有1户，占比为3.3%。贫困户拥有播种机1台和2台的分别是1户，占比为3.2%，非贫困户家庭拥有播种机1台的家庭仅有1户，占比为3.3%；明确表示没有收割机的贫困户和非贫困户家庭分别为7户和3户。其他农业机械的情况是，贫困户家庭拥有量为1台的家庭有3户，非贫困户家庭有2户。以上数

据表明耕作机械在老庄村的普及率较低，一是由于老庄村以梯田种植为主，所以机械化的普及难度大；二是耕作工具适用于平稳、大面积的土地，而两类家庭拥有的耕作面积可能并不适合利用耕作工具进行耕作，因而机械化程度低。

表3-29　老庄村家庭农用机械设备拥有情况

机械设备	台数	贫困组（户）	百分比（％）	非贫困组（户）	百分比（％）
耕作机械	0	4	12.9	3	10.0
	1	8	25.8	1	3.3
	总计	12	38.7	4	13.3
播种机	0	7	22.6	3	10.0
	1	1	3.2	1	3.3
	2	1	3.2	0	0
	总计	9	29.0	4	13.3
收割机	0	7	22.6	3	10.0
	1	0	0	0	0
	总计	7	22.6	3	10.0
其他农业机械	0	7	22.6	3	10.0
	1	3	9.7	2	6.7
	总计	10	32.3	5	16.7

八　农村社区环境

（一）社区生活设施

老庄村的社区基础设施较为完善，道路、自来水、电力等基本生活设施的覆盖率和普及率较高。社区环境卫生相对滞后，包括生活污水、生活垃圾尚未完全实现集中收集和处理。

社区主干道路为水泥路，由于山村居民居住分散，根据位置和地势的不同，通向各家各户的道路既有水泥路，也有泥土路。从调研来看，贫困户和非贫困户的入户道路类型主要为泥土路，贫困户有 16 户，占比 51.6%，非贫困户有 18 户，占比 60%；砂石路的贫困户家庭有 8 户，占比 25.8%，非贫困户有 4 户，占比 13.3%；水泥或柏油路的贫困户家庭各有 7 户，占比分别为 22.6% 和 23.3%（见表 3-30）。

表 3-30　老庄村社区入户道路情况

入户路类型	贫困户（户）	百分比（%）	非贫困户（户）	百分比（%）
①泥土路	16	51.6	18	60.0
②砂石路	8	25.8	4	13.3
③水泥或柏油路	7	22.6	7	23.3
总计	31	100.0	30	100.0

老庄村的主要饮用水源来自经过净化处理的自来水。调研对象中的贫困户家庭供水入户的有 27 户，占比 87.1%，管道供水至公共取水点的有 1 户，仅有 3 户没有管道供水的条件。非贫困户家庭供水入户的有 29 户，占比 96.7%。基本实现了全体供水入户（见表 3-31）。贫困户和非贫困户基本没有出现单次取水往返时间超过半小时的情况，有 4 户非贫困户出现间断或定时供水困难，两类家庭当年都没有连续缺水时间超过 15 天。

表 3-31　老庄村社区管道用水普及情况

是否有管道供水	贫困户（户）	百分比（%）	非贫困户（户）	百分比（%）
①管道供水入户	27	87.1	29	96.7
②管道供水至公共取水点	1	3.2	0	0
③没有管道设施	3	9.7	0	0
总计	31	100.0	29	96.7

　　两类家庭中传统旱厕的比例较高，其中非贫困户家庭有 30 户，占比 100%，而贫困户有 29 户，占比 93.5%。仅有 1 户为卫生厕所。生活垃圾处理方式以定点堆放为主，其中贫困户有 21 户，占比 67.7%，非贫困户有 20 户，占比 66.7%，其次是送到垃圾池，其中贫困户有 7 户，占比 22.6%，非贫困户有 9 户，占比 30%；仅有 1 户贫困户采取了随意丢弃的方式处理（见表 3-32）。

表 3-32　老庄村社区生活垃圾处理情况

生活垃圾处理	贫困户（户）	百分比（%）	非贫困户（户）	百分比（%）
①送到垃圾池等	7	22.6	9	30.0
②定点堆放	21	67.7	20	66.7
③随意丢弃	1	3.2	1	3.3
④其他	1	3.2		
总计	30	96.8	30	100.0

　　农村生活污水主要有管道排放、渗井、院外沟渠排放、随意排放等方式。老庄村生活污水的处理方式以院外沟渠排放为主，其中贫困户有 24 户，占比 77.4%，非贫困户有 29 户，占比 96.7%。仅有 3 户贫困户采取随意排放的方式处理（见表 3-33）。

表3-33　老庄村社区生活污水排放情况

污水处理	贫困户（户）	百分比（%）	非贫困户（户）	百分比（%）
①管道排放	1	3.2	1	3.3
③院外沟渠	24	77.4	29	96.7
④随意排放	3	9.7		
总计	28	90.3	30	100.0

说明：选项包括①管道排放、②排到家里渗井、③院外沟渠、④随意排放、⑤其他。

（二）社区环境安全

对老庄村生活环境及社会治安的调研表明，村民对社区安全的满意度较高。村民没有特别的安全防护措施，普遍的方式是饲养庭院犬，两类家庭的比例都比较高。仅有1户非贫困户采取安防盗门的方式；2户贫困户、1户非贫困户安装警报器；各有1户贫困户和非贫困户参加了社区巡逻。从以上数据来看，老庄村的治安相对稳定，居住区夜行安全系数较高。两类家庭的夜行安全感知中，贫困户觉得比较安全的达到100%，非贫困户仅有1户觉得不太安全。

表3-34　老庄村社区环境安全满意度

对你家周围的居住环境满意吗	贫困组（户）	百分比（%）	非贫困组（户）	百分比（%）
非常满意	6	19.4	4	13.4
比较满意	23	74.2	20	66.7
一般	0	0	4	13.3
不太满意	2	6.5	2	6.7
很不满意	0	0	0	0
总计	31	100.0	30	100.0

九 农户家庭存款与借贷情况

　　由于家庭存款填写的人数有限，单按填写用户的均值来看，贫困户与非贫困户之间的均值拉开了差距，如果从各自的总体均值来看，二者相差不多。其中贫困户家庭存款在 1000~5000 元、3 万~4 万元的各有 2 户，其最小值为 2000 元，最大值为 34000 元；非贫困户家庭存款在 1000~5000 元、5000~10000 元、1 万~2 万元、4 万元以上的家庭各有 2 户、4 户、2 户及 1 户，其存款数最小值为 1000 元，最大存款数为 40000 元。鉴于大多数贫困户家庭声称自己并无家庭存款，总体平均值应该要更大一些。非贫困户家庭在存款量上相对高于贫困户。

表3-35　老庄村家庭的存贷款情况对比

单位：户

区间	家庭存款（含借出）		家庭贷款（含借入）	
	贫困户	非贫困户	贫困户	非贫困户
$1000 \leqslant y < 5000$	2	2	3	0
$5000 \leqslant y < 10000$	1	4	0	2
$10000 \leqslant y < 20000$	0	2	0	3
$20000 \leqslant y < 30000$	0	0	1	0
$30000 \leqslant y < 40000$	2	0	0	1
$40000 \leqslant y$	0	1	13	11
填写户数的平均值	20100	11224	54611	65764
总体平均值	3242	3367	31710	37267
最小值	2000	1000	2000	5000
最大值	34000	40000	150000	200000

从家庭贷款一项来看，贫困户和非贫困户的差距表现在数量区间上。贫困户家庭贷款额度主要落在1000~5000 元以及 4 万元以上区间；非贫困户家庭则落在了 5000~20000 元区间以及 4 万元以上区间。其中贫困户家庭最高贷款数额为 15 万元，非贫困户最高贷款数额为 20 万元。从总体平均值来看，贫困户贷款均值为 31710元，而非贫困户贷款均值为 37267 元。

表3-36　老庄村两类农户的借贷主体对比

借贷主体	贫困组（户）	百分比（%）	非贫困组（户）	百分比（%）
信用社	5	16.1	8	26.7
银行	3	9.7	1	3.3
私人	7	22.6	7	23.3
贫困互助资金	2	6.5	0	0
扶贫贷款	1	3.2	0	0
学校助学贷款	0	0	1	3.3
总计	18	58.1	16	53.3

两类家庭都有一定的贷款行为，借贷来源多为信用社、银行贷款和私人借贷（见表 3-36）。有几类需求普遍存在于两类家庭中（见表 3-37）。其中贫困户因发展生产而借贷的家庭数量最多，其次是易地搬迁、婚丧嫁娶及安置门窗等用途。非贫困户则主要因发展生产、易地搬迁、助学而发生借贷行为，少量因助病助残、婚丧嫁娶以及房屋改建等原因而贷款。其贷款年限从半年到 10 年不等，甚至贫困户家庭有 2 户、非贫困户家庭有 3 户的贷款期限长达 28 年。

表 3-37　老庄村两类农户的贷款用途对比

贷款用途	贫困组（户）	非贫困组（户）
发展生产	11	4
易地搬迁	2	4
助学	0	5
助病助残	0	1
婚丧嫁娶	2	1
安门窗	1	0
种植	1	0
盖房	0	1
看病	0	1
棚改房	0	1
总计	18	16

图 3-5　老庄村的村容村貌及居民庭院

临洮县老庄村应对贫困的政策、
机制与行动

第一节　临洮县精准扶贫政策与行动 [1]

一　建档立卡、驻村帮扶

精准扶贫行动中，临洮县通过深入调研 323 个行政村，对 144 个贫困村 2.27 万户贫困户 9 万贫困人口建档立卡，做到"户有卡、村有册、乡有簿、县有档"，并对贫困户实行动态管理，实现扶贫对象"有进有出"。

临洮县的扶贫工作立足于公开公平公正的原则，将贫困户的筛选政策宣传到每家每户，通过村"两委"、村民

---

① 《临洮县党建创新助推精准扶贫工作综述》2016 年第 111 期，http：//jzfp.dingxi.gov.cn/dxjzfp/gzdt/jzfpjb/webinfo/2016/08/1472607030399258.htm。有修改。

大会审议公示，最后选出符合条件的贫困户。临洮县开展精准扶贫工作的人员约 1600 名，主要是以驻村帮扶队、产业服务工作队、科技特派员服务团等形式深入村社，活跃在基层和群众之中。

按照习近平总书记提出的"六个精准"要求，即扶贫对象精准、措施到户精准、项目安排精准、资金使用精准、因村派人（第一书记）精准、脱贫成效精准，临洮县因地制宜地制定并认真落实精准扶贫的工作机制。临洮县整合"双联"干部[①]、大学生村官、驻村干部和选派到村任职的优秀年轻干部力量，抽调省、市、县、乡 1116 名干部组建了 144 支贫困村和 179 支非贫困村驻村帮扶工作队，制定帮扶规划、宣讲政策法规、帮助改善基础设施、培育富民产业、开展技能培训、夯实基层组织。此外，选派熟悉农村工作、善于做群众思想、实践技术水平高的拔尖人才、领军人才及专业技术人员，建立 6 支产业服务工作队，为各贫困村产业发展提供技术指导，带动贫困户增收致富。

二 金融扶贫、专项贷款

临洮县加大金融知识培训宣传力度，择优向贫困村选派金融服务联络员。按照需求对接、产业对接的原则，选派 144 名科技特派员和 418 名涉农专业技术人员，为各贫

---

① "双联"是指"干部联户带旧促新，单位联村带片促乡"计划。

困村分别组建了 1 支科技特派员服务团队，实现农业科技人才对贫困村技术帮扶全覆盖。此外，针对贫困群众担保难、贷款难的问题，洮阳镇率先在全县探索推行金融资金助推精准扶贫的新模式。临洮县与甘肃银行签订了金融扶贫战略合作协议，2016 年向有需求的贫困户提供 5 万元以下、3 年以内免担保、财政贴息的精准扶贫专项贷款 6.03 亿元，有效破解了精准扶贫工作中贫困群众"贷款无门、致富无望"的突出问题。

针对贫困户贷款资金利用率低、效果差和部分贫困户"有了贷款也不知如何发展"的问题，洮阳镇积极探索推行了符合村情实情的金融扶贫资金使用新模式。一是主导贫困户自我发展模式。为有发展意愿的贫困户每户发放 3 万~5 万元精准扶贫专项贷款，引导鼓励发展种植、养殖等特色富民产业，通过自身努力实现脱贫目标。二是推行合作社辐射带动模式。对暂时未选择好发展项目的贷款贫困户，按照"集中投入、共同受益"的思路，由合作社负责选定项目，引导贫困户将贷款资金进行"打捆"投资，确保贫困户在不承担较大外部市场风险情况下实现稳定增收。三是探索政府兜底保障模式。对于贫困户既无贷款需求，合作社又无科学投资项目的资金，在贫困户自愿的基础上，将扶贫资金进行整合，统一划转县农业投融资公司，由县农业投融资公司在风险可控的前提下，以农商会成员单位为主体开展商业性投资，并确保每户承贷贫困户每年获得至少 3000 元以上的固定收益，实现扶贫贷款资金使用效益最大化。2016 年，全镇为 1436 户贫困户发放精准扶贫专项贷款 6249 万元，其中：贫困户自我发展 942 户 4550.5 万元，企业带动 494 户 1698.5 万元，带动农户每年分红 3500 元。

三 人才扶贫、促进就业

近年来，临洮县不断加强农村实用人才队伍建设，为全县脱贫攻坚提供人才保障和智力支持。主要工作包括如下内容。

一是开展精准培训，培养实用人才。针对不同劳动力工作性质、年龄结构、知识水平和当地产业结构状况，分类施策开展培训。围绕马铃薯、畜牧、蔬菜、花木等支柱产业开发，大力实施"富民夜校""职业技能培训""两后生"等培训项目。加强能工巧匠队伍建设，结合农村劳动力转移培训、精准扶贫培训，大力实施农村劳动力职业技能提升计划，重点围绕马家窑陶艺工、"味道临洮"厨艺工、"狄道鲁班"建筑工和种养花木技术工等工种，培养"能工巧匠""民间艺人""土专家""田秀才"等农村实用人才，有效提高农村实用人才的知识水平和综合素质。

二是强化能人引领，发挥辐射带动作用。临洮县积极引导乡土能人创办专业合作经济组织，吸纳贫困户为社员，引导鼓励支持农村实用人才扩大种养殖规模，为贫困户发展注入发展资金，实现农村实用人才潜能最大化。建立科技特派员支持农村实用人才机制，组建蔬菜、马铃薯、中药材、畜牧养殖、花卉林果、劳务培训等产业服务工作队，充分发挥实用人才"传、帮、带"作用，大力支持农村实用人才创新创业，带领群众脱贫致富。

三是创新搭建平台，拓展就业途径。投资45万元建成县级人力资源市场，有序开展职业培训、劳动力信息采集、求职意愿登记、劳务输转介绍和闲散劳动力务工卡办理等工作，为劳务人才创业、就业提供有效保障。积极开展以"促进转移就业、力助脱贫攻坚"为主题的"春风行动"暨精准扶贫劳务对接会，提供就业岗位5100多个，吸引3000余名劳动力进场求职。坚持以构建创业服务体系为支撑，以完善创业扶持政策为导向，以搭建创业孵化平台为载体，不断畅通渠道、优化环境、落实政策，积极鼓励支持农民工返乡创业，逐步形成了以创业带就业、以就业促创业的良性互动格局。

第二节 老庄村精准扶贫的组织机制及项目实施

一 老庄村精准扶贫工作机制

在县级政府和镇政府精准扶贫工作的层层推进下，老庄村于2016年设立了"驻村帮扶工作队"，由来自定西市、临洮县、洮阳镇的公务员驻村扶贫，主要成员有4人，两名队长都是 70 后，年富力强，来自定西市，两名队员均为临洮县当地人，90 后的大学生，工作勤勉努力负责。驻村工作队要求与群众同吃同住，村委专门提供了一间上下床的宿舍和村委办公室供两位来自定西市的扶贫干部使用，在工作中体验并深入群众生活。

调研组在项目 2 年间先后 3 次入村调研，得到了村委和驻村工作队的大力支持，课题组也亲身体会到驻村扶贫工作队每一位成员投入的情感、精力和时间。扶贫队的工作繁杂而细致，在村委和驻村工作队的紧密配合与协作下，老庄村得以按照上级部门的要求，积极稳妥地推进和落实精准扶贫的各项工作。图 4-1、图 4-2 为驻村帮扶工作队 4 位干部的工作证件及老庄村扶贫工作机制流程图。

图 4-1 老庄村驻村扶贫工作队成员

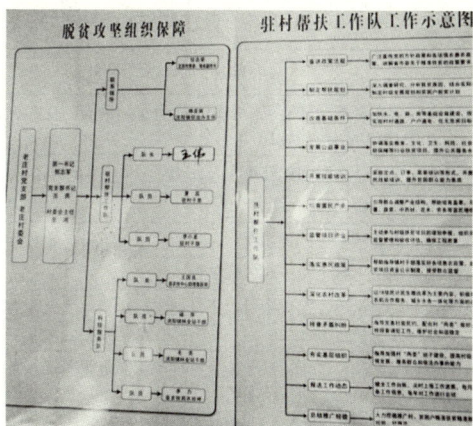

图 4-2　老庄村扶贫工作机制流程图

二　老庄村驻村帮扶队

老庄村驻村帮扶队设立了第一书记、副书记，分别由来自定西市工商联、定西市政府办的两位干部担任。驻村短短一年期间，扶贫工作队的干部深入基层，做了大量的走访、考察和调研工作，为老庄村带来了许多有价值的扶贫思路，开展了一系列深受老庄村干部群众欢迎的扶贫活动。其中，第一书记王伟是第一次被派驻贫困村进行扶贫，尽管之前很少接触扶贫工作，但是对待驻村帮扶工作认真负责。驻村期间，他为村庄贫困家庭捐助，为村庄活动提供人力、物资和资金支持，得到了村委的一致认可与好评。扶贫队的副书记杨学文曾在甘肃省通渭县瓦洒乡担任扶贫工作队队长两年，具有丰富的驻村扶贫经验，曾为当地发掘了野生枸杞种植的产业扶贫之路，让当地群众获得了切实利益。2017 年，杨学文主动代替本单位有实际困难的同事，担任老庄村驻村干部。表 4-1 是村委会提供的驻村工作队的干部调研信息。

表 4-1　老庄村驻村帮扶队基本信息

问题	结果
M11 本村现在是否派驻有第一书记（①有②以前有、现在没有→M12③没有→M12）	有
M12 第一书记什么时间派驻（年月 /6 位）	2016.8
M13 第一书记姓名	王 *
M14 第一书记性别（①男②女）	男
M15 第一书记出生年份（四位数年份）	1969
M16 第一书记学历（①初中及以下②高中或中专③大专④大学本科⑤研究生）	大学本科
M17 第一书记来自（①中央单位②省级单位③市级单位④县级单位⑤乡镇⑥其他（请注明））	省级单位（定西市工商联）
M18 第一书记单位属性（①党政机关②事业单位③企业④其他）	事业单位
M19 第一书记最近半年在村工作多少天（含因公出差）（天）	80
M110 第一书记最近半年在村居住多少天（天）	60
M111 第一书记最近半年在乡镇住多少天（天）	20
M112 第一书记作为帮扶责任人联系多少贫困户（户）	2
M113 第一书记到过贫困户家的数量（户）	96
M114 第一书记做了哪些工作（可多选）（①重新识别贫困户②诊断致贫原因③引进资金④引进项目⑤帮助贫困户制定脱贫计划⑥帮助落实帮扶措施⑦参与脱贫考核⑧接待、处理群众上访⑨其他（请注明））	①②③⑥⑦
M115 2016 年对第一书记考核结果等级（0= 未考核①优秀②合格（称职）③基本合格（基本称职）④不合格（不称职））	未考核
M116 村两委对第一书记工作满意程度（①非常满意②满意③一般④不满意⑤非常不满意）	满意
M21 你村是否派驻有扶贫工作队（①有 ②以前有、现在没有→结束 ③没有→结束）	有
M22 工作队什么时间派驻（年月 /6 位）	每年都有
M23 工作队有几名成员（人）	4
M24 工作队成员来自（可多选）（选项同 M17）	②③⑤
M25 工作队员最近半年平均在村工作多少天（含因公出差）（天）	120
M26 工作队员最近半年在村平均住了多少天（天）	80
M27 工作队员最近半年平均在乡镇住了多少天（天）	40
M28 工作队员作为帮扶责任人共联系多少贫困户（户）	96
M29 工作队员到过贫困户家的数量（户）	96
M210 工作队员做了哪些工作（可多选）（选项同 M114）	①②③④⑤⑥⑦
M211 2016 年对工作队员考核结果不称职（不合格）的人数	没有
M212 村委会对工作队员工作满意程度（①都满意②部分满意③一般④都不满意）	都满意
M213 工作队长是否为第一书记（①是→结束 ②否）	是

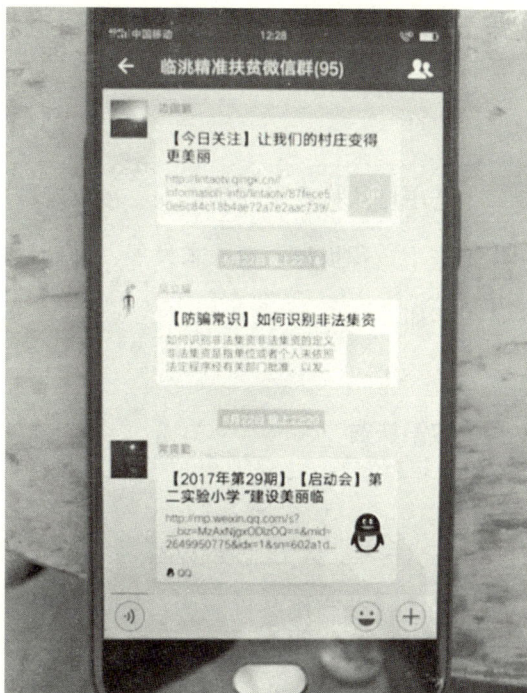

图 4-3　洮阳镇政府的扶贫工作微信群

图 4-4　老庄村驻村帮扶队干部走访了解村民生计

第三节　老庄村精准扶贫的项目内容

老庄村从村委干部到群众，在政府精准扶贫工作的稳步推进下，积极谋产业、求发展，推动扶贫脱贫。主要扶贫工作如下。

一　政策扶贫

1. "三变"改革

老庄村被临洮县确定为"资源变资产、资金变股金、农民变股东""三变"改革试点村，通过实地调查、决策帮扶、东西部协作，投入资金95万元，2017年底已建成养殖小区1处，双膜钢架塑料大棚17座，占地面积7.5亩，建筑面积1234平方米。按照实施方案，政府要求将全村贫困户都纳入产业扶贫项目，并利用东西部协作扶贫资金给予配套入股资金支持。

2. 乡村基础设施改造

2015年基本农田建设及改造户数142户，培育合作社2个，广播电视入户183户。2018年完成村电网改造项目，增加了3台100安伏变压器。村委会村部维修、村委电脑的互联网接入工作也相继于2018年顺利完成。

3. 改善居住条件

2015年实施危房改造11户，总投资120万元，其中财政专项扶贫资金41.6万元，群众自筹资金78.4万元；2016

年危房改造 58 户，总投资 539.4 万元，其中财政专项扶贫资金 46.4 万元，群众自筹 493 万元。可见，参与危房改造项目的村民户数在 2015 年到 2016 年间有较大的上涨，从 2015 年仅有少量农户参与，到 2016 年的 58 户，带动了农户参与危房改造的积极性、主动性。专项扶贫资金的数额差距不大，但总投资有明显的变化，主要增加部分源自村民自筹。

4. 科技扶贫

开展农业技术培训，如地膜种植技术、生物堆肥技术等等。科技扶贫工作除了来自政府农业科技部门的资源之外，还得益于老庄村与社会机构的扶贫资源，例如 2016 年 9 月启动的"低碳式气候变化适应与扶贫综合发展计划"农村社区试点项目（简称"LAPA 农村社区试点项目"）提供技术专家，开展了一系列与老庄村生产生活密切相关的科技培训活动，收到良好的效果。

5. 教育扶贫

针对高中生、大学生提供政府资助，协助贫困家庭学子顺利完成学业。老庄村的教育补助标准分为 3500 元 / 年（大学）、2000 元 / 年（高中）、1000 元 / 学期等几种情况，其中贫困户领取金额最小值为 800 元 / 学期，有 2 户，最大值为 2400 元。教育补助非贫困户受益家庭有 2 户，领取金额标准为 1000 元 / 人和 1600 元 / 人。贫困户累积领取金额最高值为 75000 元，最小值为 500 元。

表 4-2 为 31 户贫困户政府补助政策的不同项目的受资助比重。

表4-2 老庄村两类农户的政府补助项目对比

补助项目	贫困户		非贫困户	
	频率（人次）	百分比	频率（人次）	百分比
残疾补贴	1	3.2	0	
残疾人补助	1	3.2	0	
冬春救助	1	3.2	0	
粮种补贴	3	9.7	2	6.7
养老金	2	6.5	4	13.3
易地搬迁补贴	2	6.5	5	16.7
旱灾救助	0		1	3.3
养老金，粮补	0		2	6.7
总计	10	32.3	14	46.7

二　生态产业扶贫

老庄村位于山区，由于政府近年来重视生态保护和植树造林，植被覆盖较好。自小生长于本村的村干部岳支书介绍说，在80年代以前山上的树木比现在还要茂盛，后来包产到户许多树木被村民砍伐售卖了。现在村民们普遍有生态保护意识，一是山上树木多空气好，许多村民虽然在山下的移民新村有房子，但还愿意回山上来住。二是植被良好能够保护土壤，避免遇到暴雨发生泥石流。据村委会提供的数据，老庄村近年来的生态产业扶贫主要包括如下内容。

一是植树造林。定西市造林站在岳家山荒山栽树约250亩；村里动员组织群众，新栽从红窑到岳家山行道树4.2公里约1500株，并组织专人拉水浇灌，确保了成活率的提高。

二是土地流转。流转土地93亩种花椒树，带动群众自栽花椒树80亩。

三是有机农业。与甘肃省农村能源协会的合作项目，以马铃薯等主要农作物作为有机种植的试点项目，并为那些尚未落实任何项目的成员户统购 8 万~10 万元的肥料。

四是建立养殖合作社：依托 LAPA 农村社区试点项目，开展农业循环经济养殖方式，通过市场调查、专户询价、查阅资料证件，最终确定与旭辉养殖场签订协议，2017 年底已建成养殖大棚，为合作社项目户首先落实猪仔 105 头，56 户参与了这一项目（见图 4-5、图 4-6）。

这一项目也是洮阳镇依托东西部协作扶贫项目推进"资源变资产、资金变股金、农民变股东"的"三变"改革试点工作之一。养殖小区项目的牲畜大棚用地来自村集体闲置的 3.5 亩土地，饲草由本村农户提供用地种植。村集体入股资金来自东西部协作扶贫资金 24.5 万元、养殖小区建设奖补资金 20 万元，用于养殖小区的基础设施建设。农户入股资金来自东西部协作扶贫项目资金 70.5 万元，用于为 95 家参股农户的自筹资金提供项目配套，配套后每户入股资金达到 1 万元（其中 50 户已脱贫户每户自筹 0.4 万元，项目配套 0.6 万元；45 户未脱贫户每户自筹 0.1 万元，项目配套 0.9 万元；对有意愿入股的村干部、其他农户按照每户 1 万~3 万元入股）。养殖小区通过折股使扶贫资金变股金、农民变股东，其中贫困户的入股比例占到了47.6%，村集体占 22.3%，农民养殖合作社占到了 25.1%，其他农户占 5%，实现了各方利益的统筹协调。预计项目可为老庄村总计 95 户参股贫困户提供每年保底分红的收益资金共 7.6 万元（平均每户 800 元 / 年），村集体每年保底分红收益 3.56 万元，农民养殖合作社每年收益 4 万元。

图4-5 老庄村富民养殖小区

图4-6 老庄村新建的养殖大棚

三 易地搬迁扶贫

（一）移民新村

在临洮县政府的支持下，老庄村在山下洮阳镇红窑村开辟了一处新的移民村（李范家村），在政府移民搬迁资助下，2015 年以来共易地搬迁迁出 69 户，群众普遍反映新村设施齐全，学校、医院、商业、交通等设施非常便利，已搬迁群众满意度很高。未搬迁的主要是一些子女另立门户的老年农户，他们舍不得离开老宅、依赖山上熟悉的生活环境和土地，或者因为疾病、孤寡、没有足够的搬迁资金依然留在山上。

据调研统计，2016 年老庄村易地搬迁共迁出 69 户，总投资 641.7 万元，其中财政专项扶贫资金 55.2 万元，群众自筹资金 586.5 万元。这表明老庄村将近 1/3 的农户愿意搬迁到更好的居住环境，并有能力自筹大部分移民资金。易地搬迁迁入地是距离老庄村山脚下约 7.8 公里的一处平地，距离临洮县城 1 公里，交通便利，居住条件较山村而言更优越。老庄村与另一个村的易地搬迁户组建了"李范家新村社区"（见图 4-7、图 4-8）。新村由政府统一规划，村民可以按照政府提供的住宅标准自行建造，也可以由政府认定的建筑公司代为建造。

课题组两度走访了移民新村，入户了解移民的新生活，并走访了新村的社区居委会、养老院、蔬菜大棚等主要设施。新村基础设施齐全，有宽敞的社区广场、体育锻炼设施、超市等，入户走访到的家庭窗明几净，室内外装修美观，有独立的厨房、浴室和抽水马桶，生活条件相比山上大为改观。由于山下的移民村没有耕地，仍有一些村民平时居住在山下新家，但不时会回山村耕作。一些家庭为了孩子上学或在城里打工方便，选择住在山下；有的是为了给儿子成家方便选择购买新村住宅，家中的老年人仍留在山上种地。

图 4-7　易地搬迁的移民新村（李范家新村社区居委会及村民新居）

图 4-8　易地搬迁的移民新村（社区广场）

洮阳镇李范家村易地扶贫搬迁项目位于李范家村刘家湾社，安置区占地面积103.122亩，每户宅基地面积均为153平方米。安置区住宅按照一层建筑和二层建筑的规划设计分为两个区域，A、B、C三种套型。其中A型住宅（107平方米）30套，B型住宅（81.21平方米）151套，C型住宅（135.7平方米）34套，单体住宅均为砖混结构。安置区配套建设文化广场、村委会、洮阳中心敬老院各1个；建设养殖暖棚28座；硬化巷道3021米；2015年度搬迁安置104户477人，其中建档立卡贫困户331人；2016年搬迁安置28户100人，其中建档立卡贫困户57人。

通过蔬菜暖棚的设施农业、休闲农家乐、劳务产业、畜牧养殖等多种配套产业的生产方式，确保实现搬迁群众搬得出、稳得住、可发展、能致富。易地搬迁有效实现山村群众发展的愿望，即住上新房了，道路硬化了，吃水安全了，就医方便了，上学容易了，娶上媳妇了。

——来源：李范家村社区布告宣传栏《易地扶贫搬迁安置区生活情况简介》

（二）扶贫暖棚项目

易地搬迁的养殖暖棚项目由定西市的对口帮扶点之一

福州市仓山区提供了 40 万元的建设资金支持。项目按照贫困户意愿，采用"基地 + 贫困户 + 合作社 + 科技特派员"方式，统一规划，集中连片建设了阳光房 20 座（每座 280 平方米），提供给李范家村的 20 户易地搬迁的建档立卡贫困户用于反季节蔬菜种植。由洮阳镇李范家村的富民产业合作社负责提供种苗、技术指导和统一收购销售，由镇农牧局派驻科技特派员常年提供技术指导。

实地走访和调研了解到，目前每户蔬菜大棚约种植 2~3 茬反季节蔬菜，至少可实现平均年收入 1 万元以上。例如，课题组与老庄村驻村帮扶队干部实地走访了一户老庄村的易地搬迁贫困户大棚，该贫困户家庭成员 3 人，致贫主要原因是残疾。2017 年 5 月建棚、6 月投入使用，大棚主要种植青椒和绿叶菜，春季种植辣椒苗（陇椒三号），辣椒于 8 月下旬上市，当年 11 月中旬复种绿叶菜，于次年 2 月春节前后上市，三茬蔬菜销售后的平均年收入可达到 9800 元左右（见图 4-9）。对于因残致贫缺乏主要家庭劳动力的贫困户而言，蔬菜暖棚提供了非常重要的生计来源。

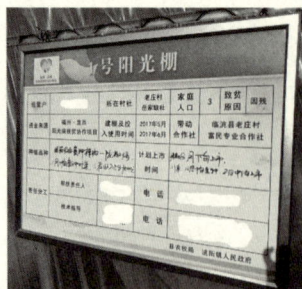

图 4-9　老庄村易地搬迁贫困户的蔬菜暖棚

陪同调研的老庄村驻村干部杨亚丽主任提到，为了支持新村移民的蔬菜大棚，洮阳镇政府办积极宣传，呼吁领导干部和公务员们支持购买大棚种植的有机蔬菜，成为大棚蔬菜的主要消费群体，体现出新时代的干群鱼水相依的关系。移民新村的村干部介绍说，由于项目收益很好，许多贫困户都希望能够有机会参与，村委会正在考虑以此培育易地搬迁贫困户发展主导产业，通过进一步扩大暖棚面积，让更多的贫困户能够借助这一创业途径稳得住、能致富。

四 灾害救助扶贫

临洮县农业部门积极推动农作物保险、农房保险等农业政策保险，针对因为暴雨、地震、冰雹冷害等自然灾害带来的财产损失及时进行处理和赔付，针对冬春期间生计困难的群众进行统计，发放政府生活补助，这些"灾害救助安全网系统"有效减少了普遍贫困的山村农户因灾返贫、因灾致贫的风险，获得了许多农户的支持与配合。

（一）农作物保险

按照临洮县实施农业政策保险的要求，对玉米、马铃薯、中药材等基本生计作物提供政策保险支持，农户分别只需要缴纳保费每亩3.75元、7元、52元，商业保险公司和政府的风险分担，大大减少了农户遭遇农作物损失后的生计风险。老庄村不同灾害的灾害补助标准不同，贫困户领取补助金额最小值为68元，最大值达1080元（见表4-3）。

表 4-3　老庄村贫困农户的农作物保险情况

灾害补助标准	贫困户（户）	领取金额（元）
135 元 / 亩	1	1080
270 元 / 人	1	175
34 元 / 亩	1	68
其他	2	820

（二）农房保险

老庄村的村民普遍居住在以砖瓦、水泥为主要建材的传统房屋内，少数贫困家庭甚至还居住在土坯房。农户住房建筑材料主要为砖瓦砖木，其中贫困户有 21 户，占比 67.7%，非贫困户有 24 户，占比 80%。贫困户第二大比重的住房是砖混材料，有 5 户，占比 16.1%（见表 4-4）。此外，由于老庄村有易地搬迁的扶贫项目，所以多数贫困户有 2 处住所，但是多为家庭成员分居两处住址。调研中了解到，半数以上的老庄村村民拥有第二处房屋，调研的 31 个贫困户中有 22 户家庭有第 2 处房屋，非贫困户有 16 户。第二处房屋，贫困户和非贫困户家庭以草房为主的分别有 8 户和 9 户，占比各有 25.8% 和 30%；砖混材料的贫困户和非贫困户各有 13 户和 7 户，占比分别为 41.9% 和 23.3%。由于老庄村有易地搬迁的扶贫项目，所以多数贫困户通过政策扶持及家庭积累拥有了 2 处住所，贫困户第 2 处住房的建房花费从 0.05 万元到 18 万元不等，非贫困户建房花费则从 3 万到 30 万元不等。这也体现出贫困户与非贫困户在家庭财产积累上的较大差距，需要更多依靠政府政策的支持才能改善基本的居住条件。

表 4-4　老庄村农户的第一处房屋住房结构

住房的建筑材料	贫困户		非贫困户	
	户数	百分比	户数	百分比
①竹草土坯	2	6.5	4	13.3
②砖瓦砖木	21	67.7	24	80.0
③砖混材料	5	16.1	2	6.7
④钢筋混凝土	3	9.7		
总计	31	100.0	30	100.0

　　两类家庭的现有住房状况如下，贫困户家庭住房状况良好的有 30 户，占比 96.8%，政府认定危房 1 户，占比 3.2%；非贫困户家庭住房状况良好的有 26 户，占比 86.7%，政府认定危房为 1 户，占比 3.3%，没有认定但属于危房的有 3 户，占比 10%（见表 4-5）。

表 4-5　老庄村农户的住房情况

住房状况	贫困户	百分比	非贫困户	百分比
①状况一般或良好	30	96.8	26	86.7
②政府认定危房	1	3.2	1	3.3
③没有认定，但属于危房	0	0	3	10.0
总计	31	100.0	27	90.0

　　针对山村住房老旧、质量较差的普遍情况，除了积极推动政府牵头的危房改造项目外，老庄村还积极倡导村民参加农房保险，每户每月只缴纳 5 元，便可在房屋受灾受损后获得保险公司的赔偿金。2017 年 7 月 16 日，临洮县经历了一次强降雨过程，导致老庄村一户村民的砖瓦水泥房屋出现水浸、裂缝。村委会及时通过工作微信群向洮阳镇政府有关部门上报了灾情，保险公司及时介入调查和启

动赔付程序，农户很快获得了 2500 元的保险赔付，课题组实地走访了受灾农户了解具体情况，他们对这一处理结果表示很满意，认为农房保险很有帮助（如图 4-10、图 4-11、图 4-12）。

图 4-10　老庄村 2017 年"7·16"暴雨受灾农户的危房情况（室外、室内）

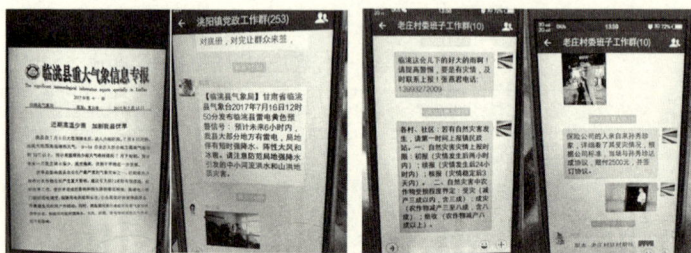

图 4-11　临洮县及老庄村灾害救助工作信息机制（洮阳镇政府办领导、驻村帮扶干部提供）

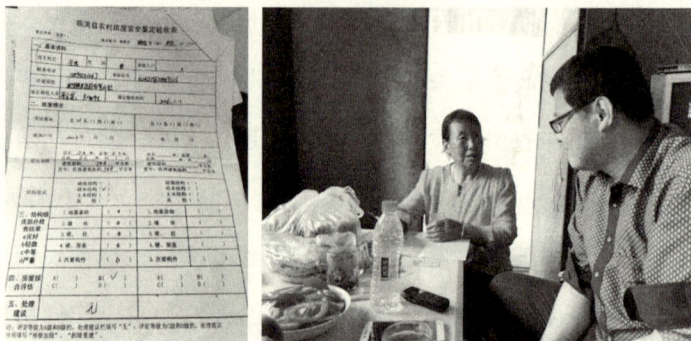

图 4-12　老庄村驻村帮扶队干部李小龙入户了解农房受灾及赔偿情况

（三）灾后救助扶贫

针对农业人口容易遭受自然灾害、冬春季青黄不接的情况，临洮县政府为受灾人员提供了冬春生活政府救助专项，按照公开程序推选出符合条件的政府补助对象并上报。受救助人员包括因灾困难的低保人口、因灾困难的残疾人家庭、其他困难家庭三类。2017年1月，老庄村共统计上报2016~2017年度受灾人员冬春生活政府救助计59户，覆盖家庭总人口211人，获得政府发放的救助资金4.2万元。其中老庄村"因灾困难的低保户"共35户（含残疾人口4户），占救助家庭的59.3%，其余为"其他困难家庭"（如图4-13）。此项生活救助为靠天吃饭、缺乏基本生活能力的山村老病贫人口提供了雪中送炭的外部支持和生活补助。

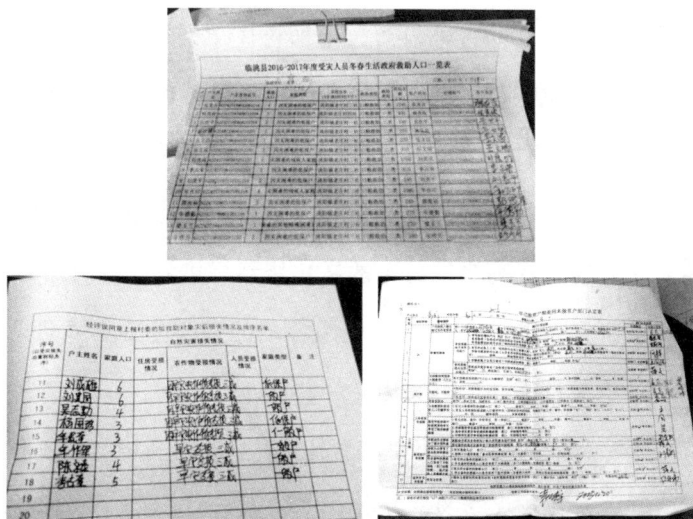

图4-13　老庄村困难人口政府救助情况及困难户信息（村委会提供）

五 文化扶贫

在老庄村帮扶队干部的积极倡议和推动下，联合"春暖启梦春桃队"公益助学组织，2017年7月，邀请了来自全国15所大学的20多名志愿者，共同发起了"回到老庄"第一届生态文化夏令营、老庄村讲习所等活动，邀请专家为老庄村的村民、中小学生举行讲座、授课。资助机构向参加夏令营的老庄村学生发放了文具及爱心水杯，村委会积极发动群众参与，在开营和开班仪式当天组织了热闹的村民演出活动，村民们自娱自乐、各显本领，其乐融融。当天，还邀请到地方老中医（帮扶队一名队员的祖父）、来自北京中央民族大学的中医专家，在老庄村举行了为期一天的爱心义诊活动，收到了良好反响。

此次活动采取"借船出海"的办法，汇集各方力量、助力老庄村扶贫。一是吸引外地优秀人才进入老庄这个地处偏远的古朴村落，增加村庄"人气"，宣传村庄的旅游文化特色，试图依靠老庄村靠近县城、生态环境优美的有利条件，发展原生态村落带动旅游业。二是成立老庄讲习所，邀请临洮县的地方学者、文化名家举行传统文化讲座，提高当地村民的文化修养，培养积极向上的致富意识和技能。三是招募全国各地的大学生志愿者进入老庄村，通过举办生态文化夏营令活动，让来自城市的大学生认识西部农村地区，开展教育扶贫。四是来自中国社会科学院、中央民族大学的学者与中医专家，通过调研和义诊活动深入了解气候变化对贫困山区村民身体健康的影响，传播气候变化与健康的科普知识,为村庄发展和村民健康"会诊",促进医疗健康扶贫。该活动起到了良好的预期效果,参加活动的村民、大学生反响和收获很大,相关新闻被《定西日报》采访发布[①]。由于各方反响大效果好,2018年、2019年老庄村继续举办了第二届、第三届文化夏令营,争取将这一群众喜闻乐见又教育意义深远的文化扶贫活动常态化、持续化。

图4-14 2017年7月第一届老庄村文化夏令营群众演出活动

图4-15 第一届老庄村夏令营志愿者与镇、村干部和课题组成员合影

---

① http://www.cndingxi.com/v-1-29959.aspx.

第四节　老庄村精准扶贫的初步成效与经验

一　精准扶贫的工作成效 [①]

在各级政府的统筹推进下，老庄村村委会和驻村帮扶队积极配合、发挥主观能动性，精准扶贫工作初见成效。

（一）脱贫致富的基础工作

一是完成了精准扶贫的摸底调查工作，打好工作基础。

2018 年老庄村村委配合上级帮扶工作队队长、帮扶干部、镇驻村干部，对未脱贫的 45 户群众进行入户再摸底及"一户一策"的制定工作，评估为缺技术 4 户 19 人，缺劳力 10 户 37 人，自身发展动力不足 7 户 19 人，因病致贫 13 户 49 人，因残致贫 5 户 19 人，因学致贫 6 户 28 人。其中低保贫困户 39 户 145 人，一类低保 2 户 7 人，二类低保 19 户 65 人，三类低保 12 户 51 人，四类低保 6 户 22 人。

老庄村积极落实上级部门的精准扶贫任务，让精准扶贫落到实处。例如，2018 年已完成对产业扶贫到户的奖励扶助项目的落实、初验工作，从未脱贫户中再新增 3 户公益性岗位人员，如数完成合作医疗，养老保险能保尽保，按要求基本完成，常住人口每人每月 1 元的垃圾费收缴到账，社保卡的办理在全镇名列前茅，土地确权，发证率达

① 本节中的数据均来自老庄村村委会提供的 2019 年 9 月脱贫攻坚工作最新统计资料。

85%以上，对"临洮县惠农资金监管网"在集中培训学习指导的基础上，由驻村干部现场演示，宣传资料发放到户，会使用手机上网的人，基本都已掌握了使用程序。

二是在上级政府支持下，不断推进各项具体的帮扶工作。

例如2019年临洮县住建局派驻第一书记1名、帮扶队员2名，充分协调帮扶单位、第一书记、驻村帮扶工作队、帮扶责任人等帮扶力量，深入老庄村贫困户开展走访调研和蹲点督导，准确掌握贫困村、贫困户基本情况，找准问题和原因，明晰发展优势和脱贫突破口，帮助村委解决脱贫攻坚中遇到的实际困难和问题。通过慰问帮扶、政策宣讲、种养殖技术培训等活动，发挥党员带头作用，调动群众踊跃参与，要求贫困户向党员看齐、党员向先进典型看齐，消除"靠着墙根晒太阳，等着别人送小康"的"等靠要"思想，全力调动贫困户勤劳致富的积极性、主动性和创造性。

具体帮扶措施有：一是为贫困户培育饲草玉米良种210亩，给每亩发放良种1袋；二是协调县发改局解决老庄村贫困户在李范家新村日光房修建蓄水池17座；三是结合"3+1冲刺清零"活动，在老庄村开展"支部共建一线攻坚"主题党日活动，并组织帮扶干部入户对"一户一策"进行修订和完善；四是在六一儿童节期间，对老庄村20名贫困儿童进行了慰问并发放慰问品；五是为做好老庄村环境卫生整治及"清洁村庄"行动，协调解决建设了垃圾房1座，并援助水泥15吨、洗砂10方、石子10方；六是结合"消费扶贫"及住建局自身优势帮助老庄村蔬菜大棚种植户进行蔬菜定向销售。

（二）老庄村的发展与脱贫进展

2016 年以来，老庄村的贫困发生率不断下降，基本达到精准脱贫预期目标。2018 年底剩余贫困人口 36 户 135 人，2019 年脱贫 33 户 126 人，剩余未脱贫人口 3 户 9 人，老庄村总人口为 803 人，贫困发生率 1.12%。预计 2019 年可实现整村脱贫。主要工作包括以下三个方面。

1. 以产业发展助推精准脱贫

发展主导产业。村主导产业为肉羊养殖 + 马铃薯、玉米种植。2019 年全村马铃薯种植面积约为 600 亩，玉米种植面积约为 700 亩，全村现有肉羊存栏 800 只。按照产业到户奖励扶持标准进行了产业奖补。2018~2019 年落实产业奖补共 52.13 万元。2018 年落实产业奖补 30.53 万元。2019 年落实产业奖补资金 21.59 万元，其中已脱贫户享受 12.98 万元，未脱贫户享受 8.62 万元。

组建农民专业合作社。老庄村有合作社 4 个，目前已规范提升 4 个。其中富民专业合作社、老庄村供销合作社、众富种养殖农民专业合作社将构建"村两委 + 基层供销社 + 专业合作社"三位一体的新型农业合作发展之路。

提升村集体经济收入。截至 2018 年底，老庄村有村集体经济收入 2.865 万元，其中，东西部扶贫协作资金"三变改革"项目分红 2.76 万元，土地流转收益 0.105 万元。在各级政府的支持下，老庄村村委发挥积极作用，在产业扶贫上成效显著，真正做到了让贫困户受惠获益。2017 年 9 月成立的养殖小区及农民养殖合作社，作为"三变"改革的成功试点，已经连续 2 年实现了预定的分红收益，村集体、合作社、95 户入股贫困户都获得了预期的分红。

2. 加强社区基础设施及人居环境建设

（1）完善村级基础设施。①村级道路硬化及维修：2015 年修成红窑村部至老庄岳家山村通村道路 4.6 公里；2016 年岳家缺至老庄 1.3 公里沙化路面已完成。②全村通动力电：全村 4 个自然村（岳家山社、刘李家社、老庄社、岳家缺社）全部通动力电。道路和电力基础设施为山村的交通出行和生产生活提供了基本保障。

（2）加强农村社区人居环境建设。调研了解到不少村民对于政府开展的山区植树造林很满意，认为"绿化好、气候也好"，具有一定的生态环保意识。老庄村村委一直重视保护山村独特优美的生态环境，通过召开群众会议加大宣传力度，转变群众人居环境观念和环境保护意识，增强群众参与美丽乡村建设的积极性和主动性。

具体环境治理举措包括：①提升社区公共环境：利用财政资金 4.65 万元在老庄社修建 8 个花园及路边护坡 2 处 50 米。村部周围破损围墙维修 3 处共计 50 米，墙基（散水）40 米。共发动群众 205 人次，清理农村生活垃圾 4 余吨、房前屋后乱堆乱放 65 处。②乱堆乱放清理及残垣断壁拆除：利用财政资金 0.6 万元，租用装载机 1 台，对村社道路、文化广场周边乱堆乱放柴草粪堆进行清理及残垣断壁集中拆除。拆除废旧房屋 3 处、破旧圈舍 11 处，整治垃圾乱倒 32 处，确保村容村貌有整体提升。③道路维修、边沟清理：利用财政资金 0.45 万元，为主要村社道路维修、路肩平整、边沟清理购置割草机两台，征用农用三轮车 1 辆，出工 24 个人工，确保村社道路两旁环境整洁，道路养护及时。④开展文明家庭、文明户、道德模范评选：利用财政资金 0.5 万元，表彰奖励 10 户卫生环境比较突出的农户，鼓励其积极参与"清洁村庄"创建。⑤道路绿化美化。利用财政资金 0.2 万元，新栽（补栽）行道树（云杉）1000 棵，以美化道路环境。⑥改善村民户内居住环境：对村上农户户内环境较差的 25 户群众进行包案制，督促帮助其改变户内精神面貌。

3. 以社会发展兜底脱贫

（1）教育扶贫。核查老庄村的建档立卡户中共有在校学生 54 人，其中学前阶段就读 12 人，义务教育阶段 26 人，高中阶段就读 1 人，中职 7 人，本科级以上 8 人。确认全村无因贫失学辍学学生。为 7 名就读中等职业院校和高等职业院校的一、二年级建档立卡贫困户家庭学生，落实"雨露计划"政策，每生每年补助 1500 元（2019 年每生每年补助 3000 元）。

（2）健康扶贫。全村通过筛查发现：①建档立卡贫困人口 368 人，未参加城乡居民基本医疗保险共 1 人，属于外地参保。②全村已脱贫人数 233 人，共办理慢病卡 24 人；建档立卡未脱贫户 136 人，共办慢病卡 35 人。③贫困人口家庭医生已全部签约，有效签约率达到 100%，其中高血压签约人数 15 人，腰椎间盘突出 12 人，糖尿病签约人数 2 人，其余病种 30 人。④孕前优生检查任务数 5 对，已完成 5 对，完成率 100%。老庄村建有标准化村卫生室 1 座，建筑面积 60 平方米，四室分开（诊室、治疗室、公共卫生室和药房），配备乡村医生 1 名，配备药物 82 种。2019 年 1~6 月全村建档立卡贫困人口中患病住院治疗 36 人 54 人次，慢特病门诊 10 人 17 人次。符合大病保险和医疗救助政策条件的全部享受了相关特惠政策。

（3）养老保险。全村参加养老保险人数为 449 人，参保率为 95.71%，贫困人口参保率为 100%。

（4）最低生活保障。结合 2019 年 6 月低保提标工作，对农村低保、特困供养人员等保障对象进行了全面入户核实筛查，对保障标准重新核定，截至 9 月底，全村有低保户 41 户 145 人（其中一类低保 2 户 7 人，二类低保 22 户 77 人，三类低保 12 户 45 人，四类低保 5 户 16 人），做到应保尽保，应退则退。五保户 1 户 1 人；优抚对象 7 人。农村低保和五保户中纳入建档立卡贫困户：一类 2 户 7 人，二类 19 户 72 人，三类 8 户 28 人；全村有残疾人 35 人，其中一级残疾 7 人，二级残疾 8 人，三级残疾 12 人，四级残疾 8 人。

图 4-16　临洮县精准扶贫资料及培训教材
（县委农工部及县扶贫开发办编制）

二 老庄村精准扶贫的工作经验

国务院将精准扶贫工作提升到国家战略的高度，这一工作离不开政策和人的因素。首先要依靠良好的制度设计、政策支持；其次要依靠地方各级政府和各部门的密切配合与协作；再次要充分发挥基层扶贫队伍的能动性和积极性，体现人的作用。从 2016 年 9 月起，调研组四次奔赴老庄村调研，深入干部群众了解情况，课题组对于地方政府扶贫工作印象比较深的有两个方面。

（一）地方政府扎实细致的扶贫工作机制

老庄村的调研工作首先得到了甘肃省定西市临洮县政府办的大力支持，安排了洮阳镇政府办和扶贫办的干部协助调研工作。调研中我们看到了市县镇各级政府对精准扶贫工作的高度重视，以及层层深入落实的工作机制，尤其是基层扶贫工作机制的扎实细致。其中，洮阳镇政府和老庄村的扶贫干部在扶贫工作中发挥了不可替代的积极作用，可以说是精准扶贫工作深入民心的精神力量。

地方政府对于精准扶贫工作高度重视。调研组接触到了从镇政府层面的对口帮扶领导（洮阳镇王书记），到镇政府办、镇扶贫办、村委会、驻村帮扶队等一系列对口帮扶老庄村的各级干部，亲身体会到他们对于扶贫工作的重视及扎实细致的工作作风。调研过程中多次接触到洮阳镇政府对口帮扶的镇领导，不但在调研工作中给予了大力支持，提供数据资料，而且对于如何进一步提升精准扶贫老庄村的思路和成效，从地方发展和社会文化等角度也给予了不少启发。

洮阳镇的王书记介绍了精准扶贫的工作机制，除了每周或每月的各部门例会外，还包括微信工作群，依托这一网络时代的便捷条件，可以随时随地掌握各村镇情况，并根据需要做出及时反馈，大大提高了镇政府领导层处理基层繁杂问题的效率。尤其是在极端气象灾害和意外情况之时，微信工作群或手机电话是非常及时高效的沟通手段。例如，镇政府办扶贫干部在陪同调研组调研的过程中，经常会接到许多工作电话，他们总是会及时做出汇报并处理。2018年7月下旬，课题组赴老庄村第四次调研，镇扶贫办杨主任利用周末休息时间陪同我们上山，途中得知因为几天前刚刚下过一场暴雨，上山的水泥路部分被冲坏，正在维修中无法通行。于是一行人绕行到另一个村庄，途中发现了一处塌陷毁坏的道路，杨主任当即电话联系了镇政府有关责任人员，告知情况。这种随时随地处于工作状态、事无巨细的工作作风令人印象深刻（见图4-17）。

（二）基层扶贫干部的责任感与奉献精神

村镇干部是落实精准扶贫工作机制的关键环节，从镇政府机关抽调的驻村帮扶队干部保持了持续性和稳定性，调研过程历经三四年，老庄村换了三四届驻村帮扶队长，但是负责老庄村精准扶贫工作的王镇长、镇政府办杨主任及老庄村驻村帮扶队的两名队员，一直没有更换过岗位。调研组在与老庄村扶贫干部的多次接触中结成了工作友谊，体会得到他们对家乡及扶贫工作有一份发自内心的责

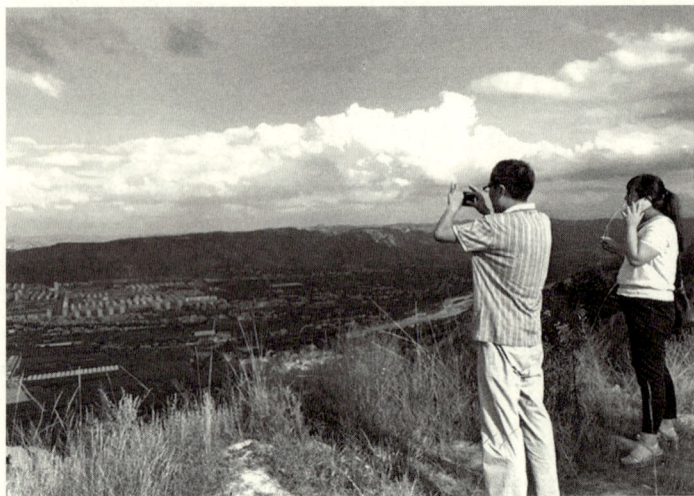

图 4-17 老庄村驻村帮扶干部在山路上远眺临洮县城（2018 年 7 月）

任感与奉献精神，这使得他们在工作中认真负责、全力投入，辛苦付出、毫无怨言。

例如老庄村的两位驻村帮扶队队员都是甘肃人，作为 90 后大学毕业的公务员，他们爱岗敬业，对老庄村的旧山村、移民新村的情况非常熟悉，对老庄村每一户贫困户的资料可以倒背如流，在陪同课题组调研的过程中，可以发现他们与村民们关系非常亲和融洽，来到贫困户家中就像走亲戚一样，对于一些特殊困难的农户尤其给予了额外的支持和关怀。

负责老庄村工作的洮阳镇政府扶贫办 80 后的杨主任，是土生土长的临洮人，性格开朗随和，工作风格细致沉稳，非常善于与贫困户沟通，包括为贫困户发展生计出谋划策、解决家庭纠纷、帮助推销农户的家养母鸡和鸡蛋，受到贫困户的深切信任。杨主任也曾向我们这些来自北京的朋友们介绍推广老庄村妇女手工刺绣的传统手工艺品、野生艾草、有机马铃薯等农家产品，后来这些产品在老庄村的电商平台上获得了固定的销售渠道，走出了山外。

老庄村扶贫工作的带头人岳支书，担任了十几年村支书工作，是优秀共产党员（见图4-18），干群关系和谐融洽，为老庄村走上发展致富之路竭尽心力，外引内联，争取到了许多项目资金的支持；由于工作繁忙，舍小家顾大家，自己家中的繁重农活，包括种地、养猪养羊、种自留菜地、家务劳动等都由多病的老伴承担。调研期间，村委会和岳支书给予了大力支持，包括组织社会调查、入户走访、义诊等活动，确保了调研工作的顺利进行。课题组对于村委和村民们的细致周到、淳朴热情招待留下了许多美好的印象（图4-19是调研过程中富有地方特色的工作午餐）。

图4-18　老庄村村支书家中的优秀共产党员奖杯

图4-19　课题组调研期间在老庄村品尝到具有地方特色的工作午餐

（三）基层村委会发挥了凝聚民心、外引内联的积极
作用

老庄村的村干部发挥了带头人的作用，有见识有魄
力，积极争取各种扶贫政策、引进外部社会力量，带动居
民积极参与，组织了丰富多彩的扶贫活动，为老庄村走出
山区实现长远发展致富，提出了许多很好的想法，一些工
作已经落到实处并促成其长效化。

例如，由洮阳镇政府、老庄村村委、驻村帮扶队干部、
中国社会科学院调研组共同举办的2017年夏季首届"生态
文化夏令营"及中医下乡义诊活动，得到了广大村民的积
极支持与欢迎，村民们都说："这样的活动，多来几次！"
在村民的积极要求下，村委邀请各方专家，在2018年7
月下旬继续举办了第二届文化夏令营及健康科普扶贫活动
（见图4-20、图4-21）。村委会通过举办这样丰富多彩的文化活动，既丰富了群众生活，让分散在山上山下的社区村民踊跃参与，也通过引入外来的大学生、专家等资源，在共同生活、深入沟通之中碰撞出许多思想火花。例如，来自全国各地十多所大学的大学生志愿者们对老庄村的支教生活留下了深刻印象，对于如何帮助老庄村这样的贫困山村富起来，如何让山村的孩子们实现教育脱贫、走出去看世界，提出了许多非常有价值的思考和建议。夏令营带给村委会许多启发，例如，建立电商平台，让老庄村的土特产能够走出大山；开展山村生态度假旅游，发挥老庄村独特的地理气候资源优势。这些思想火花，很快得到了合作机构的支持，并逐步得以实现。

图4-20　老庄村第二届文化夏令营部分大学生志愿者与
村镇扶贫干部合影

图 4-21　老庄村第二届文化夏令营部分师生的课间活动

第五章

老庄村精准扶贫效果评估

香

第一节　贫困总体情况及原因分析

一　贫困户建档及脱贫情况

表5-1为《老庄村行政村社会调查（调查年度：2016年）》的贫困户建档立卡情况（统计时间点为2016年底）。其中有13户贫困户家庭是2014年进入系统，8户贫困户家庭在2015年进入系统，6户贫困家庭在2016年进入建档立卡系统。其中仅有6户在2017年初是脱贫户，有21户仍然是未脱贫状态。

表5-1　老庄村贫困户的建档及脱贫情况

建档及脱贫情况	贫困户（户）	百分比（%）
进入系统年份		
未填写	4	12.9
2014	13	41.9
2015	8	25.8
2016	6	19.4
总计	31	100.0
2017年初脱贫情况		
未填写	4	12.9
是	6	19.4
不是	21	67.7
总计	31	100.0
脱贫年份		
未填写	22	71.0
2014年	1	3.2
2015年	6	19.4
不清楚	2	6.5
总计	31	100.0

资料来源：精准扶贫精准脱贫百村调研 - 老庄村调研。

说明：本书统计图表，除特殊标注外，均来自老庄村调研。

表5-2为非贫困户填写。本次抽调的30户非贫困户家庭中有3户曾是贫困户。有20户是从未进入建档立卡的贫困户，有2户家庭不清楚。3户贫困户经由2015年从建档立卡系统中调整出来。调整时乡村干部进入其家庭家访并签字盖章，符合调整的公开公示程序，并且进行了名单公示。

表5-2　老庄村非贫困户的脱贫情况

是否贫困户	非贫困户（户）	百分比（%）
①是	3	10.0
②不是	20	66.7

是否贫困户	非贫困户（户）	百分比（%）
③不清楚	2	6.7
总计	23	74.2

二 贫困户致贫因素分析

老庄村非贫困户的致贫原因主要是自身发展动力不足，贫困户主要致贫原因较多，其中因供子女上学或缺乏资金致贫的贫困户家庭各有6户，由于生病劳动力不足或缺乏技术支撑致贫的贫困户家庭各有5户，有4户因残疾致贫，2户因自身发展动力不足致贫，1户因缺乏劳动力致贫（见表5-3）。第二排序的致贫原因有4户是因生病，有4户是因上学、缺土地、缺技术、缺劳力、缺资金而致贫。

表5-3 老庄村贫困农户的主要致贫原因

（单选）	贫困户（户）	百分比（%）
①生病	5	16.1
②残疾	4	12.9
③上学	6	19.4
⑦缺技术	5	16.1
⑧缺劳力	1	3.2
⑨缺资金	6	19.4
⑩交通条件落后	0	0
⑪自身发展动力不足	2	6.5
未填写	2	
总计	31	100.0

说明：全部致贫原因有①生病；②残疾；③上学；④灾害；⑤缺土地；⑥缺水；⑦缺技术；⑧缺劳力；⑨缺资金；⑩交通条件落后；⑪自身发展动力不足；⑫因婚；⑬其他（说明）。

第二节　农户对脱贫政策及效果的评价

一　老庄村脱贫帮扶的主要政策

2015年以来，老庄村先后实施过以下几类贫困户帮扶措施（见表5-4）。

表5-4　2015年以来老庄村扶贫措施的主要类型及惠及户数统计

措施	贫困户（户）	百分比（%）	非贫困户（户）	百分比（%）
①发展生产	19	61.3	1	3.3
②技能培训	23	74.2	9	30.0
③小额信贷	10	32.3	1	3.3
④基础设施建设	8	25.8	1	3.3
⑤易地搬迁	15	48.4	1	3.3
⑥公共服务和社会事业（教育、医疗、低保等）	12	38.7	2	6.7
⑦精准扶贫贷款	4	12.9	—	—

其中曾直接享受过扶贫政策且目前已脱贫（非贫困户）的家庭有9户，占到了30%，其享受的扶贫政策内容是精准贷款5万元、房屋的拆除重建、粮食直补、自来水入户等（见表5-5）。

表 5-5　老庄村农户的帮扶情况

帮扶情况	贫困户（户）	百分比（%）	非贫困户（户）	百分比（%）
享受扶贫政策				
①有	8	25.8	9	30.0
②没有	0	0	14	46.7
总计	8	25.8	23	74.2
政策内容				
①补保（社保、低保、补贴）	1	3.2	0	0
②精准贷款5万元	5	16.1	3	6.6
③拆除重建	0	0	1	3.3
④粮食直补	0	0	4	13.2
⑤自来水入户	0	0	1	3.3
总计	6	19.4	9	30.0

二　老庄村脱贫帮扶的主要效果

（一）通过易地搬迁扶贫，改善生活居住环境

老庄村的易地搬迁是从 2015 年开始，整体的搬迁时间集中于 2015 年和 2016 年两年。其中一般扶贫搬迁受益户有 19 户，生态扶贫搬迁有 1 户。易地搬迁的主要方式有集中安置和分散安置两种。其中贫困户集中安置有 15 户，非贫困户有 4 户；分散安置的非贫困户有 1 户。贫困户自建房有 9 户，比例占到 29%，购买商品房的贫困户有 1 户，比例为 3.2%，政府建房有 5 户，比例为 16.1%；非贫困户自建房有 5 户，比例达 16.7%，购买商品房有 1 户，比例为 3.3%，政

府建房有 1 户，比例达 3.3%。非贫困户安置地点在行政村内的有 4 户，在村外乡镇内有 2 户，村外乡镇外有 15 户。

贫困户搬迁花费总额最小值是 5.7 万元，最大值为 12.69 万元，均值为 9.71 万元。自筹金额最小值为 7400 元，最大值为 8.8 万元，均值为 5.90 万元。补助金额最小值为 2.3 万元，最大值为 4.2 万元。非贫困户搬迁总金额最小值为 8 万元，最大值为 12 万元，均值为 9.6 万元，自筹金额最小值为 2.9 万元，最大值为 60.2 万元，均值为 13.96 万元；补助金额最小值为 3.3 万元，最大值为 32 万元，均值为 8.55 万元。

从调研来看，居民们对于易地搬迁的总体满意度较高（见表 5-6）。

表 5-6　老庄村农户的易地搬迁情况

现居住地为	贫困户（户）	百分比（%）	非贫困户（户）	百分比（%）
①搬迁前住址	12	38.7	6	20.0
②搬迁后住址	3	9.7	1	3.3
总计	15	48.4	7	23.3
安置方式	贫困户（户）	百分比（%）	非贫困户（户）	百分比（%）
①集中安置	15	48.4	4	13.3
②分散安置	—	—	1	10
总计	15	48.4	5	23.3
安置类型	贫困户（户）	百分比（%）	非贫困户（户）	百分比（%）
①自建房	9	29.0	5	16.7
②购买商品房	1	3.2	1	3.3
③政府建房	5	16.1	1	3.3
总计	15	48.4	7	23.3

现居住地为	贫困户（户）	百分比（%）	非贫困户（户）	百分比（%）
①非常满意	3	9.7	3	10.0
②比较满意	9	29.0	3	10.0
③一般	1	3.2	—	—
④不太满意	0	0	0	0
⑤很不满意	—	—	—	—
⑥说不清	—	—	—	—
总计	13	41.9	6	20

　　除了填写问卷，课题组还针对 12 个填写问卷的农户进行了面对面的深度访谈，其中实施了易地搬迁的农户（或其亲友子女）至少有 7 位。针对搬迁前后的生活、环境变化，受访农户普遍认为山下的生活环境和条件明显好于山上（见表 5-7）。

表 5-7　老庄村易地搬迁农户的访谈反馈

序号	反馈情况	变差了	变化不大	有所改善	显著改善
1	交通出行、看病、上学更加方便	—	—	3	2
2	生活条件（如做饭、照明、洗澡等）	—	—	2	1
3	农业生产条件（农田水利基础设施）	—	2	2	
4	社区体育文化娱乐设施	—	—	2	2
5	人际交往能力，就业机会（通信条件，获取新信息等）	—	2	2	

　　通过一对一访谈了解到，村民搬迁费用主要来自家庭存款，其次是私人（包括亲友）借贷、政府补助款、子女亲友的援助等。对于迁居所有农户均表示基本满意或非常满意。

（二）通过扶贫培训、发展生产，实现促进就业

老庄村村委利用外部资源为村民提供了较多的实用技术培训内容。调研对象中有 16 户贫困户、4 户非贫困户在 2015 年参与了种养殖业的就业培训，有 14 户贫困户、4 户非贫困户参加了 2016 年的农业培训。

表5-8　老庄村农户参加技能培训情况

培训年份	贫困户（户）	百分比（%）	非贫困户（户）	百分比（%）
2015 年	16	51.6	4	13.3
2016 年	14	45.2	4	13.3
总计	30	96.8	8	26.7

从整体上看，种养殖方面的技术培训与老庄村的情况更贴合，村中有大量从事农业劳动的村民，其他方面生产培训参加的人数都比较少，没有形成产业化。老庄村提供的培训多为短期培训，时间从 1~2 天到半个月不等。为了激励村民学会培训内容，设置了毕业证、结业证书、职业资格证的培训数量较多。少数培训花费的费用高，有一定额度的补助。两组家庭从参加培训的人数比较上看，贫困户家庭的培训参与次数要远高于非贫困户（见表5-9）。

表5-9　老庄村农户的技能培训内容

培训内容	贫困户（户）	百分比（%）	非贫困户（户）	百分比（%）
①瓦工技术	1	3.2	0	0
②养殖种植技术培训	23	74.3	10	33.3
③种植方面	3	9.6	0	0
总计	27	87.1	10	33.3

通过相应的技能培训已实现稳定就业的受访贫困户达到 17 户，非贫困户有 3 户，未稳定就业的贫困户有 4 户，调查当期未结业的贫困户仍有 2 户（见表 5-10）。

表 5-10　老庄村农户的就业情况

是否实现稳定就业	贫困户（户）	百分比（%）	非贫困户（户）	百分比（%）
①是	17	54.8	3	10.0
②否	4	12.9	0	0
③尚未结业	2	6.5	0	0
总计	23	74.2	3	10.0

住户调查了解到，老庄村农户发展生产主要依靠种植和养殖业。村民主要的种植作物为玉米、马铃薯、豌豆、核桃和药材等，养殖动物为牛羊等。

从发展生产的情况看，种养殖业覆盖面最高，而其他加工、服务和制造业等的水平为 0，也就是说老庄村仍保留着较高的农业耕作产量，但鲜有村民在本村靠第三产业或者其他方式发展生产（见表 5-11）。由于没有较好地建设开发，除了农业相关的产业，老庄村目前还不适合发展其他产业。

表 5-11　老庄村农户的生产情况

单位：户

发展生产	贫困户	非贫困户	发展生产	贫困户	非贫困户
①种植业	26	11	②养殖业	23	4

针对老庄村农户的扶贫方式有多种（见表 5-12），主要是技术支持、资金扶持。其中，贫困户受益的户数远高于非贫困户。

表 5-12　老庄村农户扶贫方式对比

扶持方式	贫困户（户）	百分比（%）	非贫困户（户）	百分比（%）
①资金扶持	19	61.3	2	6.7
②产业化带动	1	3.2	1	3.3
③技术支持	21	67.7	6	20.0

从发展生产的项目效果评价来看（见表 5-13），比较满意及以上的贫困户有 20 户，非贫困户有 11 户，仅有 2 户贫困户认为项目效果较一般。由扶贫带动就业的家庭有 4 户，其带动就业地点在本村和本县。就业方式有零工、季节工和固定就业的形式，1 户是从 2015 年开始带动就业，3 户是从 2016 年开始带动就业。带动就业收入为 18000 元和 2400 元。4 户都对扶贫效果较为满意。

表 5-13　老庄村农户发展生产的项目效果评价

项目效果评价	频率（户）	百分比（%）	非贫困户（户）	百分比（%）
非常满意	10	32.3	0	0
比较满意	10	32.3	11	36.7
一般	2	6.5	0	0
总计	22	71.0	11	36.7
扶贫带动就业评价	频率（户）	百分比（%）	有效百分比（%）	累计百分比（%）
非常满意	3	9.7	0	0
比较满意	1	3.2	1	3.3
总计	4	12.9	1	3.3

三　农户对脱贫政策及程序的满意度

针对扶贫措施的实施及其效果，贫困户、非贫困户普遍认为比较合适、满意度较高（见表5-14）。

表5-14　老庄村农户扶贫措施及效果评价

项目	贫困户（户）	百分比（%）	非贫困户（户）	百分比（%）
本户扶贫措施情况				
①非常适合	9	29.0		
②比较适合	18	58.1	6	20.0
③④⑤	0	0	0	0
⑥说不清	4	12.9	23	76.7
总计	31	100.0	29	96.7
本户扶贫效果				
①非常好	7	22.6		
②比较好	18	58.1	5	16.7
③④⑤⑥	0	0	0	0
总计	25	80.6	5	16.7

说明：措施评价包括非常适合、比较适合、一般、不太适合、很不适合、说不清；扶贫效果评价包括非常好、比较好、一般、不太好、很不好、说不清。

由于老庄村存在普遍贫困的状况，因此有限的政府扶贫指标意味着扶贫资源的竞争。这一问题在调研中也得到了体现，对于曾经是非贫困户的新建档立卡贫困户，或部分已脱贫的非贫困户，普遍对调整结果表示满意（见表5-15）。在访谈中，也有个别村民反映自己家庭困难，应该属于贫困户，但因为种种原因不能被纳入建档立卡的贫困户。经过与村委干部确认，这些个别家庭属于不符合某些硬性的政策，例如家庭中虽然有长期患病的病人，但是主要劳动力有固定工作和工资，不符合政策条件。

就村庄的脱贫工作机制而言，填写该项的贫困户对于本村安排的扶贫项目、贫困户的认定与选择大都表示合理或比较合理，对于脱贫结果和程序表示满意。非贫困户对于扶贫项目、贫困户选择等问题，大部分人表示不清楚。但是有八成以上的非贫困户认为本村的扶贫效果很好或较好（见表5-15）。

表5-15　老庄村农户扶贫措施满意度评价

（1）2016年底为非建档立卡户（非贫困户、建档立卡调出户）

问题/答复	贫困户（户）	百分比（%）	非贫困户（户）	百分比（%）
对于调整结果是否满意？				
满意	7	22.6	17	56.7
不满意	0	0	0	0
无所谓	0	0	1	3.3
总计	7	22.6	18	60.0
对于调整程序是否满意？				
满意	7	22.6	17	60
不满意	0	0	0	0
无所谓	0	0	1	3.3
总计	7	22.6	18	60

（2）2016年底为建档立卡户（一般贫困户、低保户、低保贫困户、五保户、脱贫户）

	贫困户（户）	百分比（%）	非贫困户（户）	百分比（%）
为本村安排的扶贫项目是否合理？				
很合理	12	38.7	1	3.3
比较合理	14	45.2	4	13.3
一般/不太合理/很不合理	0	0	0	0
说不清	5	16.1	25	83.3
总计	31	100.0	30	100.0

问题/答复	贫困户（户）	百分比（%）	非贫困户（户）	百分比（%）
本村贫困户的选择是否合理?				
很合理	14	45.2	1	3.3
比较合理	12	38.7	1	3.3
一般/不太合理/很不合理	0	0	0	0
说不清	5	16.1	28	93.3
总计	31	100.0	30	100.0
对认定你家的脱贫结果是否满意?				
满意	8	25.8		
不满意				
无所谓	1	3.2		
总计	9	29.0		
对认定脱贫程序是否满意?				
满意	8	25.8		
不满意				
无所谓	1	3.2		
总计	9	29.0		
本村到目前为止的扶贫效果如何?				
很好	2	6.5	3	10.0
比较好	5	16.1	22	73.3
一般	0	0	1	3.3
说不清	1	3.2	0	0
总计	8	25.8	26	86.7

第三节　农户生活满意度调查

一　村民幸福感评价

《老庄村住户调查问卷》从不同侧面了解了村民对生活状况的满意度。

两类家庭"与 5 年前的生活相比"好一些或好很多的占到了大多数。说明扶贫政策提供给贫困户相应的帮助，使其生活有好转。幸福感上，比较幸福以上的村民分别占到了二者的 67.7% 和 90%，幸福感与其对生活状况的满意程度相比，贫困户在这里的比例有所下降，差距将近 20 个百分点，而非贫困户对生活状况的满意度则相对更稳定。从对于 5 年后的生活预期来看，贫困户和非贫困户家庭都对自己的家庭做出了乐观的期待。其中贫困户有 83.9%、非贫困户有 90% 的家庭认为自身会好很多、好一些，仅有 1 户贫困户家庭对家庭未来预期较为悲观，而 2 户贫困户家庭、1 户非贫困户家庭认为不好判断未来预期。整体来看，多数贫困户家庭比较认可未来能够有更好的生活，村民整体的生活状态、信念都呈现较为乐观积极的状态。

表 5-16　老庄村农户生活状况满意度评价

你昨天的幸福感程度如何?	贫困户（户）	百分比（%）	非贫困户（户）	百分比（%）
非常幸福	5	16.1	5	16.7

你昨天的幸福感程度如何?	贫困户 (户)	百分比 (%)	非贫困户 (户)	百分比 (%)
比较幸福	16	51.6	22	73.3
一般	10	32.3	2	6.7
不太幸福	0	0	1	3.3
很不幸福	0	0	0	0
总计	31	100.0	30	100.0
总体来看,对现在生活状况 满意程度?	贫困户 (户)	百分比 (%)	非贫困户 (户)	百分比 (%)
非常满意	5	16.1	4	13.3
比较满意	22	71.0	24	80.0
不太满意	4	12.9	2	6.7
很不满意	0	0	0	0
总计	31	100.0	30	100.0
与5年前比,你的生活变得 怎么样?	贫困户 (户)	百分比 (%)	非贫困户 (户)	百分比 (%)
好很多	12	38.7	2	6.7
好一些	18	58.1	25	83.3
差不多	1	3.2	3	10.0
差一些	0	0	0	0
差很多	0	0	0	0
总计	31	100.0	30	100.0
你觉得5年后,你家的生活会 变得怎么样?	贫困户 (户)	百分比 (%)	非贫困户 (户)	百分比 (%)
好很多	4	12.9	4	13.3
好一些	22	71.0	23	76.7
差不多	2	6.5	2	6.7
差一些	1	3.2	0	0
差很多	0	0	0	0
不好说	2	6.5	1	3.3
总计	31	100.0	30	100.0

从相对生活满意度来看（见表5-17），首先，与多数亲朋好友相比，41.9%的贫困户认为生活都差不多，仅有22.6%的贫困户认为自身比亲朋好友过得好一些和好很多，而35.5%的贫困户认为自家过得不如亲朋好友；53.3%非贫困户认为自家与亲朋好友相差无几，感到自家过得好和自家过得差的非贫困户分别占到了整体的26.7%和20%。亲朋好友与自家5年前后生活的比较上，5年前后一项自家过得好的两类家庭比例都有所下降。其次，与本村多数人相比，贫困组有58.1%的人认为自己家过得稍微好一些；非贫困组则有86.7%的人认为自己家过得更好；此外，两组都有少数几户认为自己家相比其他农户生活好很多。

表5-17 老庄村农户相对生活满意度评价

与多数亲朋好友比，你家过得怎么样?	贫困组（户）	百分比（%）	非贫困组（户）	百分比（%）
好很多	1	3.2	0	0
好一些	6	19.4	8	26.7
差不多	13	41.9	16	53.3
差一些	8	25.8	6	20.0
差很多	3	9.7	0	0
总计	31	100.0	30	100.0
与本村多数人比，你家过得怎么样?	贫困组（户）	百分比（%）	非贫困组（户）	百分比（%）
好很多	6	19.4	4	13.3
好一些	18	58.1	26	86.7
差不多	6	19.4	0	0
差一些	1	3.2	0	0
差很多	0	0	0	0
总计	31	100.0	30	100.0

二 对老有所依的评价

针对养老是否有保障的问题（见表5-18），调查的贫困组农户有71%认为有保障，非贫困组有80%认为自己养老有保障。贫困组有一位调查对象明确表明自己养老没有保障，表示说不清的大概有1/5的比例。总体来看，老庄村农户对于养老保障的态度还是相对积极、较为乐观的。

表5-18 老庄村农户对养老保障的态度

你觉得自己的养老有保障吗？	贫困组（户）	百分比（%）	非贫困组（户）	百分比（%）
①有	22	71.0	24	80.0
②没有	1	3.2	0	0.0
③说不清	7	22.6	6	20.0
总计	30	96.7	30	100.0

洮阳镇政府在易地搬迁的移民新村新建了一所镇中心敬老院（见图5-1），目前已有十几位孤寡老人入住，课题组实地走访发现，敬老院内设施齐全，管理组织完善，住宿和饮食条件很好，入住的老人表示对敬老院的生活很满意。

图5-1 洮阳镇移民新村社区养老院内外景

第六章

老庄村气候变化与贫困调研

曶

第一节 调研内容与设计

一 调研内容与设计

　　课题组参照国内外文献设计了调查问卷（参见附录），结合农户访谈、入户调研等多种调查方法，针对气候变化引发的生计脆弱性、气候变化对健康的影响等主题开展了具体深入的考察，获取了大量的一手信息。

二 调研活动的实施

课题组先后于 2017 年 5 月到 2018 年 7 月 3 次赴老庄村实地调研,从不同侧面了解气候变化对村民生产生活的影响。采用的研究方法包括:群体访谈、个体访谈、座谈会、入户走访、调研问卷、资料与文献搜集分析等社会调查方法。访谈对象包括:洮阳镇政府领导,镇政府办、扶贫办干部,村委会干部,驻村帮扶队干部,村民等(见图 6-1、图 6-2)。

图 6-1　调研组与洮阳镇和老庄村的扶贫干部举行座谈会(2017 年 5 月)

图 6-2　课题组与驻村帮扶干部、老庄村贫困户座谈(2018 年 7 月)

第二节　气候变化背景下的贫困脆弱性

气候变化对农村家庭生计和收入的影响，主要通过物质资本（如房屋、道路等家庭和社区设施）、经济资本（如收入、储蓄、保险和借贷等金融工具）、人力资本（劳动力的教育程度、疾病和卫生健康等）、生态资本（如土地、水、食物等农业生态系统服务功能）、社会文化资本（如社区文化、组织与参与度）等影响生计的主要途径起作用。此外，气候变化还会通过政策、市场、社会文化等因素间接对贫困群体产生不同的收入和财富效应。结合国内外气候变化与贫困的脆弱性研究，本章参考《老庄村住户调查问卷》获得的初步信息，撰写了《气候变化与贫困调查问卷》，辅之以一对一的调查农户访谈，入户走访，从村委会及其他渠道多方面验证信息，了解情况，搜集了许多一手的信息、数据和资料。

调研问卷采用了半结构问卷 + 访谈方式进行。2017年5月、2017年7月、2018年7月三次调研期间总计获得了19份访谈问卷，访谈对象包括贫困户、非贫困户、已脱贫户，女性7人，男性12人，年龄在40~75岁。其中部分问卷由调研对象本人独立填写完成，个别受访者请他人代笔填写，绝大部分问卷都由课题组人员（本书作者）以一对一访谈的问答方式填写，以便获取更详细深入的信息。

本节包括三部分内容：（1）气候变化影响与风险认知；

（2）气候变化与生计脆弱性；（3）应对与适应措施。主要分析气候变化如何影响老庄村村民生计并加剧贫困脆弱性，以及可行的适应举措。

一　气候变化影响与风险认知

受访农户对"气候变化""全球变暖"这样的概念普遍比较陌生，主要的了解途径是通过电视新闻，虽然半数受访村民表示"听说过"，但是对于"气候变化"的含义及其影响了解甚少。对于试点项目，六成以上受访者参与，参与项目包括合作社入股、节能炕、种养殖项目等。这些受访者对于气候变化概念的了解程度相对更高一些（见表6-1）。一些村民表示培训会上提到了气候变化问题，但是对于他们参与的具体项目，如节能炉灶、有机农业、可再生能源等，与应对气候变化问题有何关联，则大多表示不是很清楚。

表6-1　老庄村农户对气候变化问题的认知

单位：人

序号	问题	回答是	回答否
1	您听说过气候变化、全球变暖吗？	10	5
2	您家庭是否参与了低碳扶贫项目	12	3

注：右列数字表示选择该项问题对应的人数。以下皆同。

受访村民大多定居在山上，或是购买了山下的易地搬迁住房，但是留在山上耕种土地。年龄从40多岁到

70 岁左右，依靠耕地为生，主要种植玉米、马铃薯等粮食作物及花椒、柴胡、核桃等经济作物。家中的耕地面积从数亩到十几亩不等，包括自家耕地或租种迁居山下村民的土地。受访者理解和关注的气候变化主要是与农业生产和日常生活相关的天气、气候的变化情况。例如，针对"过去 5 年间的天气和气候变化"这一问题试图了解村民有哪些切身感受，列前三位的选择是：气候更加干旱少雨、农时不正常、春夏旱导致农作物缺水（见表 6-2）。一位 50 多岁的农妇说"（近些年）雨下不到点儿上了，庄稼旱得很"。一位主要靠种地谋生的贫困户表示清明前后的雨水很重要，如果雨下到夏至前后，会影响庄稼成熟，有时候某年气候偏冷，会导致"玉米种了不熟"。

表 6-2　老庄村农户对气候变化影响的认知

序号	问题	回答人数（人）
1	气候更干旱了，与早年相比，雨水更少了	10
2	农时不太正常了（例如该雨不雨）	9
3	夏天更热，热天更多了（取水、浇地的次数更多了）	8
4	冬天不如以前冷了（低温冷冻日减少）	9
5	雷阵雨、冰雹、暴雨、雷电等极端天气更多了	4
6	沙尘暴（大风、扬尘天气）更多见了	0
7	暖冬导致庄稼病虫害更多了（如蝗虫）	3
8	家里（老人儿童）因为时令不正常更容易生病了	6
其他	地震、气象灾害等导致房屋受损垮塌	2

注："其他"项为受访农户补充信息。以下同。

询问一些土生土长的长期以务农为生的老年农户"与你们小时候、年轻的时候比，气候有什么明显变化"，他们对气候变化的观点也有不同认识，有的认为"（气候）就是更暖和了，冬天没那么冷了"，有的则表示"没经验，把握不来（气候）规律，年年都不一样，有一年好有一年不好"。个别有经验的老农表示会对当年的气候做预判，选择耕种的作物及播种时间。例如，村里有一位50多岁的阴阳先生，会看风水，红白喜事择日做法事等，提到会用传统历法的六十甲子推算年景，类似于气候周期性规律，与气象预报做对照，发现下雨比较符合节气，但对干旱的预报不太准。

针对"您的记忆中（如过去30年），家庭和村庄是否经历过比较严重的气象灾害"这一问题，一些农户提到了一些印象比较深刻的灾害事件，如干旱、寒冬、暴雨、冰雹等，大风和沙尘暴近年来很少出现（见表6-3）。其中山区春夏季的雹灾对农作物的影响比较大，这也是临洮县及山区常发高发的气象灾害。访谈中一些村民提到"雨打一大片，雹打一条线"，暴雨会冲垮一些山坡地的庄稼，山上冰雹年年都有，有时有小石子甚至鸡蛋大小，影响范围小但是破坏力大，落到谁家地里，谁家的庄稼就遭殃了。老庄村作为靠天吃饭的山区，影响最大的气象灾害是干旱，2016年、2017年连续遭遇旱灾，一些老年村民还提到了1970年代的严重旱灾，1960年代一场大雪压塌了树木等印象比较深的灾害。一些村民提到冬季雨雪减少的情况，反映冬天不下雪家人容易生病感冒。访谈中了解到

2016年的春夏连旱导致老庄村半数以上的农户受灾，秋季的玉米收成锐减，平均产量减少5~6成以上，尤其是那些因位置不好无法浇灌的地块。许多村民表示只能靠外出打零工弥补部分收支差距。一些村民因为参与了政府补贴的农作物灾害保险，获得了一定的补偿。

表6-3　老庄村村民记忆中的气候变化灾害事件

序号	气候变化灾害事件	没有听说或遇到过	不严重	比较严重	年份
1	干旱严重，人畜缺乏饮水，庄稼旱死或歉收		3	6	2016；2017
2	有雷电伤人事件，断电事故	2			
3	冬春天遇到冷害，庄稼受灾，水管冻裂		1	3	2001，2017冬
4	暴雨、山洪冲垮道路、桥梁，冲走牲畜	2		1	1999
5	冰雹伤人伤畜，砸坏庄稼、房屋大棚		4	2	1982、2005、2014、2015、2016、2017
6	大风、沙尘暴毁坏庄稼，人畜伤亡	1	1	1	1982，2014

　　针对"您认为天气和气候变化对您和家庭的生活和劳动影响大吗"这一问题，受访农户普遍表示影响较大，尤其是对劳动生产影响最大，其次是身体健康、日常出行（见表6-4）。山上冬季漫长寒冷，许多中老年村民都患有关节炎、风湿病。一位70后的妇女表示，家中有两位老人，天气和气候变化时容易生病。村民表示对交通出行的影响主要是在冬季，由于山路崎岖陡峭，无法通车，遇到大雪封山，冰雪路滑，许多村民三四个月无法下山。

表 6-4　气候变化对老庄村村民生产生活的影响

单位：人

序号	影响情况	影响内容		
		出行	健康	劳动
0	基本上没影响	4		
1	有一点儿影响	4	9	3
2	影响比较大	3	4	7
3	影响很大	4	4	4

二　气候变化与农户生计脆弱性

访谈中了解了影响农户生计和家庭生产、生活的主要因素（见表 6-5），其中列前几位的分别是：家庭负担重、山村自然环境差、打工难收入不稳定、缺技术没文化等。气候因素作为山区自然环境的一部分，主要会影响到农作物的收成及收入的稳定性，此外也影响到许多村民的身体健康状况。如一些村民表示，气候不正常，既影响耕种的农时，老人小孩儿也容易生病，收入减少了，花销更大了。

长期气候变化背景下，这种天气／气候的极端性、不确定和不稳定性，是加剧山区生态脆弱性及贫困脆弱性的主要因素。此外，也有村民提到社区基础设施的问题。例如，在 2018 年夏季的调研访谈中，曾有一位 50 多岁的年姓贫困户提到因自家位置相对偏僻，政府给村庄安装的变压器距离太远，导致家中电压长期不稳定，影响电视、铡草机等家庭生产生活设施的正常使用。2019 年老庄村维修改造了全部 4 个自然村的电路，新增变压器 3 台，实现了全村通动力电，解决了电力问题。

表6-5　老庄村村民生计的主要影响因素

序号	影响因素	回答人数（人）
1	自然环境（交通不便，气候不好，靠天吃饭）	13
2	家庭劳动力少，负担重（学生、病人、赡养老人等）	16
3	农产品市场价格波动，务农收入低	9
4	打工难，收入不稳定	10
5	缺技术，没文化，技能不足	11
6	遭遇意外事故	1
7	有借贷负担	2

2016年春夏的干旱，导致老庄村村民的庄稼收成普遍减少5~6成，针对"如果未来经常出现类似程度的干旱，您觉得对家庭收入影响大吗？为什么？"这一问题，受访农户普遍认为影响比较大。针对"如果政府（气象部门）预测，未来类似的干旱和极端天气更多，家庭收入是否受影响"，绝大多数受访农户认为影响会很大（见表6-6）。

表6-6　未来气候变化对老庄村村民生计的可能影响

序号	影响情况	回答人数（人）
1	影响很大	12
2	不太大	0
3	不好说	1

三　应对措施及适应需求

（一）家庭层面的适应措施

从访谈来看，农户家庭主要是从电视、广播、手机短信等途径获得天气预报的（见表6-7），大多数农户都表示对天气和气候变化很关注，信息来源主要是收听天气预报。一位40多岁的妇女村民，家住距离村委会半个小时路程的某社，表示由于住的地方位置比较偏，信号不好，收不到临洮县的电视信号，只能从甘肃省定西市或临近的兰州市电视台了解大概的天气预报信息，而且冰雹这样容易毁坏庄稼的灾害天气虽然有预报也往往报不准。通过调研村镇干部了解到，针对山区缺乏气象监测站、局地天气难以准确预报的问题，在遇到极端天气（如冰雹、雷暴、暴雨等）时会通过村委会转发镇政府和气象部门发布的灾害预警信息，并且在村里遭受灾害损失时可以通过工作微信群或电话及时反馈。

表6-7　老庄村村民获取气象信息的主要来源

来源	回答人数（人）	来源	回答人数（人）
广播	4	报纸	
电视	10	手机短信	5
村委会通知	6		

访谈了解到，"如果未来频繁遇到类似旱灾，影响农作物收成、减少农业种植收入"，农户在家庭和个体层面的应对措施主要是：外出打工补贴家用、参加农业政策保险减小农作物损失、依靠子女亲友接济、多关注气象预报等等（见表6-8）。

表 6-8　老庄村村民应对气象灾害的主要措施

序号	应对措施	回答人数（人）
1	增加家庭存款、存粮	2
2	增加外出打工时间，补贴家用	10
3	依靠在外工作的家人（子女）接济、养老	5
4	参加政策保险（庄稼/农房财产保险、人身保险）	9
5	依靠政府救济、补贴（申请贫困补贴项目）	3
6	多关注气象部门的天气预报	5
7	依靠自己的农业经验（调整作物品种和耕作时间）	8
8	移民搬迁，从事其他生产经营活动（如商贸、三产等）	5
其他	亲友借贷、多租地耕种	2

（二）政府层面的适应措施

从政府层面能做什么来看（见表6-9），访谈农户普遍期待由政府提供更多支持以抵抗农业生计风险，主要的需求和建议是提供农业技术培训、更多便民政策（如金融贷款支持）、提高低保和扶贫的覆盖面等。此外，在政府支持下的易地搬迁也是一项受到欢迎且富有成效的扶贫举措，迁居山下的新村移民不但享受到交通、出行、子女入学、外出打工等诸多便利，还受惠于新村社区丰富齐全的生活基础设施，包括自来水、燃气灶、洗澡堂、图书馆等。为了支持搬迁的贫困户拥有可持续的生计来源，洮阳镇政府协助新村建设了50个阳光大棚种植反季节蔬菜，统一收购销售，大部分都由镇政府公职人员购买以实施"消费扶贫"，村民对此非常欢迎。

表 6-9　老庄村村民期待政府提供的适应措施

序号	提供的适应措施	回答人数（人）
1	农业增收项目	6
2	农田水利基础设施（道路、引水设施、平整山坡地等）	6
3	农业技术培训	10
4	加入合作社	7
5	更多更便利的惠农政策（如农业小额信贷和金融服务）	8
6	提高低保、扶贫资助额度	6
7	植树造林、防治荒漠化，改善生态环境	6
8	在政府支持下搬迁到移民新村	7

政府提供的易地搬迁政策也是一项有助于降低气候脆弱性、提高灾害风险暴露度、增加更多生计机会的有效适应举措，针对"如果没有搬迁，未来3~5年内，您家庭会考虑搬迁到更好条件的地区吗"这一问题，一半受访农户表示不会搬迁，主要是没能力或故土难离。少数受访农户表示有经济能力也会考虑搬迁，有2个老年受访对象表示没想过搬迁的问题。针对"如果有条件（比如政府支持），您会优先考虑全家搬迁到什么地方，以何主业谋生"这一问题，老年受访者大多未考虑下山谋生，表示主要依靠山上的农田和庄稼为生，但是希望子女一代能走出去、有更好的生活条件和受教育机会。

访谈中几乎全部的易地搬迁村民都对政府支持的搬迁表示满意。例如，一位60多岁的曹姓妇女是易地搬迁的贫困户，依靠政府提供的2.8万元搬迁补贴，借款7万~8万元，加上几万元贷款，在山下的移民新村建起了一座独院，并得到政府提供的一座扶贫户蔬菜大棚。这位曹大姐性格开朗，几年前一直在县城里做家政工作，收入不错，因为患病及儿子在外打工，只能回家照顾因父母离异无人照料的上小学的孙子，老伴留在山上种地养猪，自己过着"两头跑"的生活。曹大姐表示山下新村的社区生活很热闹，每天跳广场舞既锻炼身体又很开心，但是相比之下，她更喜欢山上的气候，树木多、空气好，山泉水也比山下的甜，住在山上吃自家种的粮食，小孩子身体也很棒很少闹病。

表6-10　老庄村村民易地搬迁的主要原因

序号	搬迁原因	回答人数（人）
1	附近县城，从事商业经营	3
2	城市周边，方便打工（如山下的移民新村）	4
3	水土条件好的地区，务农	8
4	投靠子女	5

针对搬迁的主要困难（见表6-11），受访农户普遍表示主要是舍不得山上的房子、土地，也已经习惯了山村的生活，另外也是由于数万元到十几万元的搬迁成本难以负担，因此一般都是举全家之力，动用存款或借贷，为年轻的子女（儿子成家、孩子上学）考虑，在山下移民新村购房。受访者中近半数是易地搬迁农户，未搬迁农户也大多表示山下生活条件更方便、各种设施和环境更好，未能搬迁的主要障碍是山下没有土地，耕作不方便；其次是搬迁成本高，家庭积蓄及借贷难以负担。此外，还有几户贫困户表示缺乏谋生技能，难以获得种地以外的收入来源。也有个别年龄大的农户表示子女已经在外落户，故土难离，没有考虑过搬到山下定居。

表 6-11　老庄村村民易地搬迁的主要困难

序号	搬迁困难	回答人数（人）
1	搬迁成本难以负担	5
2	故土难离（山上有地）	10
3	需要学习新的生活、生产技能（如从事商业经营等）	3
4	没想过	2

第三节　气候变化与健康

老庄村地处山区，4 个自然村社散布于海拔 2000 多米的干旱山区，交通不便，生态环境脆弱，自然条件较为恶劣。课题组通过问卷调查、一对一访谈及专家义诊等调研活动发现，由于气候寒冷，长期劳作加上居住在饮食结构单一、缺医少药的山上，许多中老年村民都患有慢性病，常见的有关节炎、腰腿痛、肠胃病、心脏病、高血压等。这些疾病与山区的气候环境、水土条件和生活方式有很大关联，疾病影响劳动力素质、增加就医费用、降低生活质量，甚至成为致贫的主要因素之一。对于山区贫困群体普遍存在的亚健康、慢病久拖难治、有病不医等状况，需要给予更多重视，例如加强农村社区的卫生保健和健康科普宣传，拓宽健康扶贫的范围和途径等。

一 老庄村农户健康状况调查

　　课题组获得的气候变化与健康的社会调查信息主要包括两个部分的内容，一是通过《老庄村住户调查问卷》了解到住户不健康状况及疾病情况，其中调查对象的范围包括 31 个贫困户、30 个非贫困户。二是通过健康扶贫专家义诊活动得到就诊群众病例信息，辅之以部分一对一访谈信息；其中 2017 年 7 月、2018 年 7 月的两次就诊村民共 130 余人次，病例信息统计主要来自义诊专家（中央民族大学校医院张万水医师）两次义诊活动的 80 多份病案记录。

　　《老庄村住户调查问卷》显示：贫困户家庭中不健康人数 1 人的有 12 户，占比 38.7%，2 人的有 2 户，占比 6.5%，4 人的有 1 户，占比 3.2%，家庭成员完全健康的有 13 户，占比 41.9%，总计贫困户家中有身体不健康家庭成员的户数共有 15 户，占比为 48.4%。非贫困户家庭中不健康人数 1 人的有 13 户，占比 43.3%，2 人的有 2 户，占比 6.7%，家中有不健康家庭成员的户数共有 15 户，占比为 50%。其中被调查贫困户中有一户家庭的不健康人数高达 4 人，更为严重。对比家庭成员的身体不健康状况，一些非贫困户的主要家庭成员有较多的不健康人数，其中以受访者的配偶最多。其次是子女不健康成员的数量，比较来看，贫困户要多于非贫困户（见表 6-12）。总体比较，贫困户家庭中不健康人数与非贫困户家庭大致相当，且以主要劳动力身体不健康为主要表现。这与精准扶贫对残疾和重大疾病农户家庭的政策倾斜有一定关联。

表6-12 老庄村农户家庭不健康成员人数

不健康人数（人）	贫困户		非贫困户	
	频率（户）	百分比（%）	频率（户）	百分比（%）
0	13	41.9	14	46.7
1	12	38.7	13	43.3
2	2	6.5	2	6.7
4	1	3.2	0	3.2
总计	28	90.3	29	96.7

住户社会调查发现，老庄村农户（以户主为例）的患病类型主要是一些慢性病，例如胆结石、高血压、关节炎或腰椎病、胃病、心脏病等。此外，调研中还遇到几例家有残疾人的农户（见表6-13）。

表6-13 老庄村农户家庭成员的患病及残疾情况

成员	疾病/残疾	贫困户		非贫困户	
		频率（人）	百分比（%）	频率（人）	百分比（%）
户主	残疾/视力残疾	1	3.2	1	3.3
	肠阻塞	1	3.2		
	胆结石/胆囊切除	1	3.2	3	10.0
	高血压	2	6.5	3	10.0
	关节炎/肩周炎/腰腿疼/腰椎病/坐骨神经痛等	2	6.5	2	6.6
	阑尾炎/胰腺炎	1	3.2	2	6.6
	脑梗塞	1	3.2		
	肾炎	1	3.2		
	胃病			1	3.3
	头疼	1	3.2		

成员	疾病 / 残疾	贫困户		非贫困户	
		频率（人）	百分比（%）	频率（人）	百分比（%）
户主	腿疾	1	3.2		
	心脏病 / 心律不齐	2	6.5	1	3.3
	子宫肌瘤	1	3.2		
	眼疾	1	3.2		
	糖尿病			1	3.3
	总计（人）	15		13	

说明：两组家庭各有 1 人多病，所以实际人数是 15 和 13。

两类家庭 2016 年发病及需要求医治疗的情况如下（见表 6-14）。

（1）贫困户：户主需要治疗的有 12 户，占比 38.7%；户主配偶需要治疗的有 3 户，占比 9.7%；子女辈需要治疗的也有 3 户。贫困户家庭实际进行治疗的户主、配偶各有 1 位，子女（或儿媳 / 女婿）求医治疗的有 2 户。

（2）非贫困户：户主需要治疗的有 8 户，占比 26.7%；户主配偶需要治疗的有 2 户，占比为 6.7%。非贫困户家庭实际进行治疗的户主仅有 2 户，配偶选择就医治疗的有 1 户。

表 6-14　老庄村农户家庭成员的发病及治疗情况

2016 年是否发病需要治疗		贫困户（人）	百分比（%）	非贫困户（人）	百分比（%）
户主	是	12	38.7	8	26.7
	否	2	6.5	5	16.7
	总计	14	45.2	13	43.4
配偶	是	3	9.7	2	6.7
	否	1	3.3	0	
	总计	4	13	2	6.7

2016年是否发病需要治疗		贫困户（人）	百分比（%）	非贫困户（人）	百分比（%）
子女	是	2			
	否	0			
	总计	2			
儿媳/女婿	是	1			
	否	0			
	总计	1			

两类家庭治疗采取的措施如下（见表6-15）。

（1）贫困户：户主自行买药、门诊治疗各有3例，住院的有8例，配偶患病门诊治疗有2例。贫困户治疗总费用含报销部分最小值为1000元，最大值为3万元。填写用户有9户。其中自费部分情况是户主花费最大值为16000元，最小值为800元；户主配偶花费最大值为1500元，最小值为200元；子女花费只有一户为200元的支出。

（2）非贫困户：户主自行买药5例，门诊治疗2例，住院有6例，配偶患病仅有自行买药1例。非贫困户户主总费用含报销部分填写用户有9户，其最小值为400元，最大值为55000元。户主配偶的医疗费用为2000元。其中户主的自费部分最大值为15000元，最小值为700元，户主配偶仅有1户花费450元。

两类家庭在治疗费用的比较上，非贫困户的医疗费用最大值高于贫困户，但自费费用最大值出现在贫困户组中。

表6-15　老庄村农户家庭选择的治疗措施

治疗措施	是否行动	贫困户（人）	百分比（%）	非贫困户（人）	百分比（%）
自行买药	0 否	12	38.7	10	33.3
	1 是	3	9.7	5	16.7
	总计				
门诊治疗	0 否	12	38.7	13	43.3
	1 是	3	9.7	2	6.7
	总计				
住院	0 否	7	22.6	9	30.0
	1 是	8	25.8	6	20.0
	总计				
急救	0 否	15	48.4	15	50.0
	1 是	0	0	0	0
	总计				

没有选择治疗的原因如下。

（1）贫困户：没有治疗的原因有3个，其中因为经济困难不治疗的有2户，由于不重视而不治疗的有1户，选择其他项但没有说明具体原因的有2户。

（2）非贫困户：没治疗的原因有3个，其中经济困难不治疗的有5户，没有时间而不治疗的有1户，由于其他原因不治疗但没说明的有2户。

经济困难是两类家庭都不去治疗的最主要原因。全村医疗保险的覆盖率较高，但是由于医疗保险需要消费到一定金额时才可报销一定额度，对于贫困家庭而言，即使是数百元到上千元的自费医药费也是一笔不小的开支。加上山村出行不便，村民往往就近在一些药店或小诊所、镇卫生院通过门诊买点药，很少选择入院治疗。

二 老庄村健康科普扶贫活动

老庄村长期居住在山上的多为中老年村民，由于交通不便，突发疾病也难以及时就医。在山村未通车之前，生病就医需要找人帮忙用三轮车等交通工具运下山。近年来虽然水泥路一直修到村里，但是未通车，下山就医依然不便。对此，每年镇中心卫生院会上山实施健康扶贫，为村民开展免费体检，量血压、检查身体并提供卫生健康的科普宣传。

2017年7月、2018年7月，课题组与村委会借助"老庄村夏令营"的契机，合作开展了两次健康义诊扶贫活动（见图6-3、6-4）。第一次义诊邀请到地方老中医（帮扶队一名队员的祖父）、来自北京中央民族大学的中医专家，在老庄村举行了为期一天半的爱心义诊活动，参与就诊的共有70多位村民。第二次义诊与洮阳镇卫生院联合举行，义诊为期一天，有60多位村民就诊。通过组织专家义诊活动，为村民赠医赠药，两次义诊共发放了自费购买的一两千元的常用药品。送医送药上山的活动收到了村委会和村民们的良好反响。中医专家富有爱心、工作耐心细致，专门前往久病卧床、行动不便的一户重病村民家中探望、施治，村民们非常感动，表示希望多举办一些类似的送医送药下乡活动。

图 6-3　2017 年 7 月老庄村文化夏令营中医专家义诊活动现场

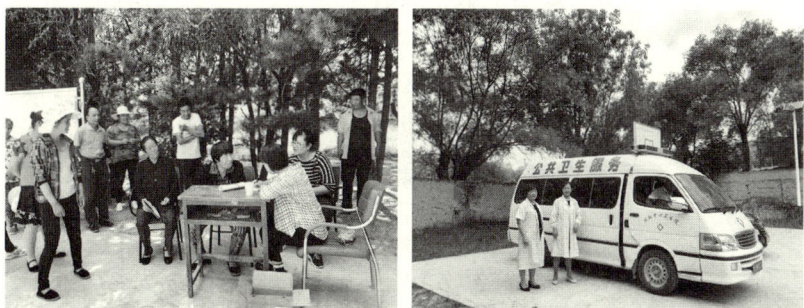

图 6-4　2018 年 7 月老庄村健康扶贫及中医义诊活动现场

在专家义诊期间，课题组结合"气候变化与贫困"调研问卷，针对一些前来就诊的村民进行了深入访谈。义诊后，课题组特意咨询和请教了提供义诊的地方老中医，了解当地气候环境、地方病情况及其与气候变化因素的可能关联，以及如何从健康保健、公共卫生服务等方面提供支持等可行建议。课题组开展的义诊、访谈活动，有助于传播气候变化与健康的科普知识，搜集到的一手信息也有助于针对气候变化引发的人力资本影响，开展针对性的影响机制与应对策略研究。

在两次中医专家义诊活动中，老庄村及邻近村庄共有

130 多人次的老弱病村民前来就诊，表 6-16 统计了 86 位就诊村民的主诉症状，其中女性村民有 57 人，男性村民 29 人，年龄最小的为 1983 年出生，年龄最大的为 1942 年出生，大多数就诊村民的年龄在 45~70 岁。从村民主诉的症状可见，这些长期生活劳作在山村的中老年村民普遍存在腰腿痛、肠胃病、高血压、心脏病、胆结石 / 胆囊炎、妇科病等慢性疾病，以及诸多亚健康状态，如浑身疼痛、容易感冒、视力下降、胸闷气短、头晕头疼、睡眠质量不好等问题。

表 6-16　老庄村专家义诊统计的村民主要疾病类型

主诉症状	女性	男性
关节炎 / 肩周炎 / 腰腿疼 / 腰椎病等	30	16
胸闷 / 气短 / 心悸 / 心律不齐 / 心脏病 / 高血压 / 肺心病等	7	11
头晕 / 头疼 / 颈椎病	15	4
胆结石 / 胆囊炎	7	1
胃病（胃炎 / 胃痛 / 腹痛）	20	14
妇科病 / 月经不调 / 子宫肌瘤 / 泌尿疾病等		
男科病 / 泌尿系统疾病等	11	3
眼疾（视力模糊、飞蚊症等）	10	2
其他（感冒、牙痛、听力下降 / 耳鸣、皮肤病等）	2	3
总计就诊人数（人）	57	29

由于山村冬季漫长寒冷、土地贫瘠，需要辛苦劳作才有微薄收成，就诊村民普遍患有关节和腰腿痛、肠胃疾病、妇科疾病、心肺疾病等常见的地方病，这些疾病与气候、年龄、农业劳作生活生产方式较为密切。例如，女

性和男性村民主诉存在关节和腰腿痛症状的人数超过了半数，已成为山村中老年人的普遍体质和健康问题。患者主诉的症状表现为不同类型和部位的关节、肌肉疼痛，例如手指关节变形疼痛、后背痛、膝关节肿痛、腰椎疼痛、足痛、肩周炎或肩部疼痛、全身疼痛等等，一些村民表示，年轻时做农活下苦力气、山上冬天气候严寒都是主要原因，有个别老年村民表示因为腿痛在夏季都需要烧炕取暖。女性村民这一问题更加突出，并伴随着脾胃问题（例如胃炎、受冷胃痛等）、妇科疾病（如小腹痛等）、视力模糊、头晕、耳鸣等相关联的症状。中医大夫给不少就诊的农村妇女提供了"金匮肾气丸"等补气血的中成药，及缓解关节和腰腿痛的止痛膏药，常用的消炎药、感冒药、眼药水等，免费发放，受到了就诊群众的欢迎。

调研中，我们特别注意到老庄村妇女群体的身体健康问题比较突出。在两次专家义诊中发现，村庄中老年女性往往罹患多种常见慢性病，亚健康状况普遍，例如腰腿痛、关节炎、胃病、妇科问题等。访谈中注意到一些农户妇女的手指变形、下肢浮肿，长期深受病痛之苦。例如有村民反映夏季清晨在山上经常有大雾，可视范围只有十几米，一是在山上影响出行安全，二是村民暴露在这种湿冷雾气中干农活很容易导致风湿、关节炎等疾病。一个四五十岁的中年农妇提到自己的风湿性关节炎比较严重，手指有些变形，问到原因，说：家里有羊，早晨天不亮就去割草，草丛里都是湿冷的露水。询问为什么不戴橡胶手套防寒气，农妇说：（手套）太滑了，抓不住草，不好用。

由于下山交通不便，收入开支有限，许多村民表示不常下山看病，"习惯了，捱一捱就过去了"。一位下肢浮肿、有腰椎病的中老年妇女表示多次看过中医和西医，也喝了很多汤药，但是没有什么效果，因为家务劳动较为繁重，劳累往往加重病痛，平时多选择忍耐、休息缓解，而不是通过住院治疗彻底解决。由于医疗费用较高，加之山村出行不便，许多农户的女性成员，如户主配偶及儿媳，在家庭治疗开支中占了非常少的比例。这一现象较为普遍，从《老庄村住户调查问卷》（见表6-14）中也能够得到印证。对此，需要从健康扶贫、社会保障等政策上加强对贫困山村妇女群体健康状况的关注，保障中老年妇女群体的健康权益。

LAPA 农村社区试点项目

百

2016 年 9 月，甘肃省临洮县洮阳镇老庄村启动了"低碳式气候变化适应与扶贫综合发展计划"农村社区试点项目（简称"LAPA 农村社区试点项目"），由甘肃省农村能源协会作为合作伙伴，在项目资金支持下，具体实施了一系列农村社区应对气候变化的扶贫发展项目。项目实施三年来，在资助方、合作机构、试点村的多方共同努力下，社区低碳能源、绿色循环农业、社区电商销售平台等方面已卓有成效，迄今已进入经验总结和项目评估阶段。

第一节　项目背景及老庄村试点情况 [①]

一　项目背景

乐施会（Oxfam）是一个具有国际影响力的发展与人道援助机构，致力于消除贫穷，改变与贫穷有关的不公平，实现可持续发展。自 2013 年开始，机构对中国内地气候变化与扶贫发展领域的政策进行了梳理，发现在扶贫减贫方面，全面建成小康社会最艰巨的任务在贫困地区，而现有扶贫战略还没有充分认识到气候变化带来的新的挑战，也没有设计相应的应对气候变化措施。为此，开展了一系列的专家咨询活动及社区试点调研，意识到农村地区应对气候变化，必须协同考虑适应和减缓目标，并将之纳入发展规划中。提升贫困人群对气候变化的适应能力和恢复力（Resilience），也必须在基层社区开展工作。

2015 年，机构发起了农村社区的"低碳适应与扶贫综合发展计划"（Low-Carbon Adaptation and Poverty Alleviation programme，简称"LAPA"），通过与各级政府、研究机构、NGO、私营部门和媒体开展不同层面的互动与合作，探索将适应、减缓与减防灾的气候变化视角融入农村扶贫发展规划，实现农村社区的可持续发展（见图 7-1）。

[①]　此节部分内容引自甘肃省农村能源协会等提供的项目资料。

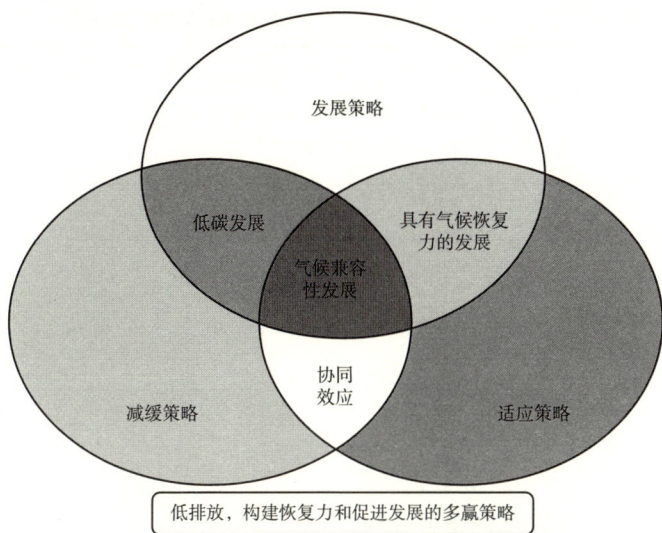

图 7-1 低碳适应扶贫项目的协同效应

二 项目村选点过程

2015 年 9 月，机构与甘肃省农村能源协会共同组成项目评估小组，在前期收集分析资料和充分征求临洮县农村能源部门建议的基础上，通过村干部访谈、入户访谈、召开村民会议等形式先后对临洮县洮阳镇的红窑村、老庄村，连儿湾的花儿岔村，龙门镇的石家铺村、辛店镇的朱家沟村进行快速评估。通过快速评估，评估小组将收集到的信息分别从贫困程度、外部资源、生计状况和潜力、基建状况、村民能动性、气候变化特征、适应能力和潜力这 7 个方面进行分类分析，并予以打分，最终确定洮阳镇的老庄村为项目试点村。表 7-1 为 LAPA 项目选村的评估打分矩阵排序。

表 7-1 LAPA甘肃项目选点评估

指标和权重	1.贫困程度（5%）	2.外部资源（15%）	3.生计状况（20%）	4.基建状况（15%）	5.村民的能动性（20%）	6.气候变化特征（5%）	7.适应能力（潜力）（20%）	总分=10分制打分*权重
红窑村	7.9	6.6	8.1	8.3	8.9	7.8	6.2	7.66
老庄村	7.8	6.8	8.0	8.3	7.7	7.3	8.0	7.76
花儿岔村	8.2	8.4	5.4	4.9	6.2	6.7	6.3	6.32
石家铺村	6.6	6.6	6.4	7.0	7.1	7.4	6.8	6.80
朱家沟村	6.4	5.8	6.6	6.7	6.1	8.0	6.8	6.50

三　项目进展情况

甘肃省临洮县洮阳镇老庄村"低碳适应与扶贫综合发展计划"农村社区试点项目（以下简称"LAPA农村社区试点项目"）于2016年9月8日正式启动。甘肃省农村能源协会作为地方合作机构负责具体实施工作，经过与临洮县农村能源办公室、临洮县洮阳镇政府、老庄村村委会等多方的密切协作，分阶段顺利推进项目任务。

项目目标：项目计划通过建立"养殖—生物堆肥—种植"为一体的低碳式循环农业，以协助贫困农民适应气候变化，提高其农业经济收入；同时，通过农村新能源的相关基础设施建设，优化农民生活用能结构，促进农村节能减排，构建低碳社区；并在此基础上探索总结出一套扶贫发展与农村新能源有效结合的低碳式适应的扶贫模式，为今后甘肃贫困地区的扶贫发展工作提供借鉴。

截至2019年9月底，LAPA农村社区试点项目资助资金完成了参与式项目监测评估、合作社组建运营和生物堆肥技术、循环农业和绿色农业、电子商务等培训，以及合作社成立注册、农家猪养殖销售、生物堆肥制作、农产品绿色认证和电子销售平台建设、组织村民代表外出参观等工作，并利用省级财政补助资金配套节能炉、节能炕（电暖炕）、太阳能热水器、太阳能路灯等农村新能源基础设施，建立了"养殖—生物堆肥—种植"低碳式循环农业模式，实现了社区扶贫和农村新能源建设的融合发展。

（一）开展参与式项目培训活动

2016年9月下旬，甘肃省农村能源协会等在老庄村举办了项目参与性监测评估（PME）培训，村民代表和项目参与方共29人参加了培训。通过培训，协助项目利益相关方明确了项目目标，修订了项目各项产出、衡量指标，进一步明确了具体活动计划和职责分工，建立了参与性项目监测评估指标体系和机制，为项目的顺利实施奠定了良好基础。

（二）依托项目成立农民专业合作社

开展合作社培训后，由老庄村村委会牵头，组织召开了村民大会，发动村民在主动申请的基础上，组建成立了临洮县繁盛种养殖农民专业合作社，选举产生了合作社理事会、监事会，制定了各项管理制度，并完成了社员入股和股金收缴等工作，并于2017年3月21日在工商部门登记注册。合作社注册资金100万元，入社会员达89人，其中精准扶贫建档立卡户55户、一般贫困户31户、其他农户3户。目前，合作社各项业务正常开展，运营正常。

（三）开展项目适用技术培训

按照项目实施计划，甘肃省农村能源协会等在老庄村组织开展了合作社培训、生物堆肥技术培训、循环农业和绿色农业培训、农业技术培训，每次培训都选择村民农闲时节开展，培训时均邀请省内外技术专家采用通俗易懂的语言、生动有趣的方式现场授课，使参加培训的村民都了解掌握了所培训技术的精要，达到了预期培训效果，为合作社正常运营、村民科学开展种养殖和发展循环农业奠定了坚实基础。

图7-2 生物堆肥技术培训会现场（驻村干部李小龙提供，2018年）

第二节　低碳能源项目

一　老庄村新能源基础设施建设

截至 2019 年 9 月底，老庄村的新能源基础设施建设先后完成了 40 铺高效节能环保架空炕（农户称之为"吊炕"，或"灶连炕"）、50 铺碳纤维电暖炕、147 台推广生物质炉、77 台太阳能热水器、42 盏太阳能路灯的建设安装，有效提升了农村新能源开发水平和利用效率，减少了农户对煤炭、秸秆等传统非清洁能源的依赖，同时也大大改变了老庄村的村容村貌，为老庄村建设新农村、打造现代化的美丽乡村奠定了良好的物质基础条件。同时，项目推进的农村社区新能源设施建设也成为农村践行低碳发展的一个有利契机，许多老庄村村民切身体验并认识到了农村新能源开发利用的好处和意义，为甘肃省推动新农村建设与低碳发展提供了很好的试点经验。

项目实施后，节能减排效益和经济效益都十分显著。（1）太阳能热水器：除了为农户提供洗澡热水，改变山区农户很少洗浴的卫生习惯、提高农民生活质量外，每台热水器还可节约标煤约 0.5 吨，减少二氧化碳排放 1.24 吨；（2）太阳能路灯：为老庄村的主干道提供夜间照明，改善和美化了村内人居环境，同时每一盏节能路灯每年可节约标煤约 0.5 吨，减少二氧化碳排放 1.24 吨；（3）吊炕和生物质炉：为农户节约了柴草和煤炭，减少了室内烟气排

图 7-3　LAPA 项目为老庄村安装的太阳能路灯

放，大大减轻了农民冬季采暖负担，提升了农户室内采暖效率和舒适度，每年每户可节约标煤 0.35 吨，减少二氧化碳排放 0.87 吨。

二　农户家庭低碳能源项目

《老庄村住户调查问卷》表明，老庄村两类家庭的主要炊事能源为柴草，其中贫困户有 29 户，占比 93.5%，非贫困户有 30 户，占比 100%。仅有 1 户贫困户使用电源作为炊事能源。电力相比山村传统的薪柴燃料，更为干净方便，不会像薪柴燃烧造成空气污染。

为了在老庄村应用推广低碳能源，项目组为村庄建成"一池三改"户用沼气池 50 户，推广节柴炉 50 台、太阳灶 100 台。同时在项目资金补贴下，有 30 多户村民申请了太阳能热水器、节能灶连炕项目，清洁能源利用比例得以较大提升。例如，2017 年冬，甘肃省农村能源协会配套 LAPA 项目，在老庄村推广了 147 台节能环保火炉，为老庄村贫困家庭过冬送去了温暖。从对农户的问卷调研中了解到，使用太阳能的贫困户家庭有 3 户，占比9.7%，非贫困户 6 户，占比 20%。贫困户有少量使用电热水器、太阳能及燃气灶的家庭。这些清洁能源设施为项目农户提供了更加暖和、干净、舒适的家居环境。调研中实地走访这些家庭，项目农户表示：节能灶连炕相比之前的土炕，更省柴省煤，一般能节省 2/3 的薪柴或煤炭，烧一次炕可以持续暖和一两天，而且家里没有炕味和烟火味，确实好！

图 7-4　LAPA 项目参与农户家的节能灶连炕（吊炕）

图 7-5　老庄村 LAPA 项目户在使用和校准太阳能灶

第三节 绿色循环农业

老庄村的自然环境保持较好，没有水土污染，为此设计了三个绿色农产品扶贫项目。（1）绿色养殖业：资助农户开展了两期家户养猪项目；（2）绿色农产品种植：种植本地洋芋，并申请了国家绿色农产品认证，农户可以交费使用临洮的定西地理产地标识；（3）生物堆肥：利用养猪产生的粪肥通过堆肥技术用于农田。上述项目设计既有助于实现循环农业、减少农村废弃物，又能够有效提升农产品附加值、增加农户收入。

一 绿色循环农业的项目内容

在机制设计上，LAPA项目建议农户依托农村合作社进行农产品的品牌打造，一是能够规范农产品的生产，提高村民的农产品品质以提升售卖农产品的可得利润；二是建立一个长期的村民互助关系，为脱贫建立共识和营造协作氛围。例如，老庄村洋芋的种植面积最大，产量最大，但每公斤单价较低。当地有食用洋芋的习惯，本地的洋芋品质较佳，但没有推广自己的品牌，较为被动地进入市场售卖。大豆单价贵，但种植面积少，从村民的种植倾向可以看出，相较于洋芋，大豆的种植难度可能更大，可以通过种植培训帮助村民提高单亩产量，增加利润。畜禽养殖以牛羊为主，但出栏量不大，与养殖户数少有关。本身肉羊肉牛的养殖期也较长，但单价较高，可以依托农村合作社发展推广更多农户进行牛羊养殖，提高相关的牛羊产品加工能力，延长产业链，以增加产品利润。

（一）农家猪养殖

2017年5月通过询价采购的方式，为30多户村民采购仔猪，截至2018年3月，经过8个多月的养殖，首批采购养殖的51头仔猪均长势良好，没有出现疫情、疾病和死亡现象，并顺利出栏，每头猪的体重平均由采购时的15公斤增加到125公斤；出栏后，经过临洮县农村能源办公室、老庄村村委会的积极推销，51头成品猪全部宰杀销售，每公斤猪肉销售价格约30元，比普通猪肉市场价高出8元，极大提升了农户养猪和发展农家猪产业的积极性。2018年6月、2019年5月在充分征求农户意愿的基础上，又分两次为56户农户采购仔猪232头，进一步扩大了养猪农户范围和养殖规模。

（二）马铃薯绿色认证

甘肃省农村能源协会积极推进老庄村马铃薯的绿色认证工作，通过接洽甘肃省绿色食品办公室、临洮县农产品质量安全检验检测站，了解农产品绿色认证的程序和要求，协助项目合作社严格按照农产品绿色认证的有关要求，提交农产品绿色认证的各项申请资料，于2017年8月顺利递交临洮县农产品质量安全检验检测站，经过相关部门的前期评审、马铃薯和土样的采集检测及省级和农业部审核认证的工作，2018 年 7 月中旬，马铃薯农产品的绿色认证顺利获批。

（三）生物堆肥制作

通过两期的生物堆肥技术培训、前期的示范推广和马铃薯绿色认证工作，老庄村农户认识到了制作生物堆肥的好处和效益，有效调动了农户制作生物堆肥、生产绿色农产品的积极性。项目合作社立足老庄村的实际情况，考虑到村内牲畜养殖数量有限，牲畜粪便数量无法满足制作生物堆肥需要，在充分征求农户意愿的基础上，2018~2019 年连续两年利用项目补助资金统一购买牛粪、生物菌剂和包覆材料，共制作生物堆肥 498 立方米，施肥面积 996 亩，从而打通农牧循环的中间环节，实现种植、养殖的有机链接。

二 "养殖—生物堆肥—种植" 低碳式循环农业模式

LAPA 项目引导村民自愿组建临洮县繁盛种养殖农民专业合作社，开展生物堆肥、循环农业和绿色农业、农业种植等技术培训，扶持农户以合作社为载体开展农家猪养殖、绿色马铃薯种植和生物堆肥制作，指导和帮助合作社取得马铃薯绿色认证等，使村民对合作社种植绿色农产品和专业养殖有了新的认识，农户种养殖技能得到了提高，绿色农产品种植方式更加规范，施肥管理、农药施用更加科学，种养殖产品质量得到保障，市场竞争力明显增强，销售价格显著提高，极大地调动起农民种植马铃薯、养殖农家猪和制作生物堆肥的积极性，奠定了项目村循环农业发展的基础，社会效益、生态效益和经济效益不断凸显，项目村"养殖—生物堆肥—种植"低碳式循环农业基本建立。

为了使老庄村合作社管理人员和农户学习外地循环农业、种养殖技术、农产品营销等方面好的经验和做法，甘肃省农村能源协会于2019年10月组织村委会干部（2人）及村民（11人）外出赴渭源县、陇西县参观学习，实地走访了甘肃省农村"三变"改革的先进试点，听取了外县的马铃薯和中药材等特色农产品种植、畜禽养殖等科学经验介绍，重点考察了渭源县、陇西县部分贫困村及易地搬迁点产业扶贫发展情况，还有中药材加工销售、牛羊养殖、农产品电商销售、乡村旅游、循环农业等的示范点，为进一步打造和提升老庄村的低碳式循环农业模式开阔思路。

第四节　老庄村电商平台项目

2017年课题组调研之初，就注意到山村因为通信设施限制，电话、电视信号不好，电脑无法上网，提出过如何让老庄村走出大山的问题，得到了村委会领导的重视。

2018年7月，课题组得知电商平台已经作为老庄村的低碳适应扶贫项目新增内容，列入了第二年的工作计划。

2019年1~6月，配合老庄村整体帮扶工作，LAPA会项目组织了10期成功的农村电商培训，为当地村干部、合作社负责人、驻村帮扶干部和创业青年等做了系统性的讲解和互动交流，内容丰富，覆盖面广。先后策划销售了手作鞋垫、儿童布鞋和野生干艾草三个特色产品，收到了较好反馈，初步形成了老庄村有机农产品、乡土特色的品牌效应，激发和增强了村民发展农村电商的动力与信心，为今后更多产品通过互联网销售打下了良好的基础，2019年6~7月完成了电商平台的建设，并于7月和8月在老庄村村委会举办了两次操作培训，达到了预期培训效果。

一　电商平台建设

老庄村电商平台包含独立的微信商城和淘宝店铺。

老庄村微信商城基于微信公众号（服务号）建设，功能模块包含：合作社简介、老庄村特产、美丽乡村、服务与活动、会员中心、优惠券、产品溯源、我的订单和联系客服等。[①] 粉丝关注微信公众号后即可浏览产品和下单付款，微信支付的货款第二天可以自动提现到村合作社的对公账户，"粉丝"也可以将产品和商城其他链接分享到朋友圈或者微信群。

---

① 老庄村微信商城主页的地址：https：//lz.gansumei.cn/。

经过两次操作培训，村民对微信商城的交易流程比较熟悉，学会了产品录入、商城页面分享和订单处理等，在驻村帮扶队成员的指导下，可以独立完成后续的管理和运营，LAPA项目提供后续的资金和技术支持。

淘宝店铺目前注册了三个，其中一个以合作社为主体，另外两个以个人为主体[①]，在电商培训时重点讲述了淘宝店铺的操作。由于针对淘宝平台的推广手段和费用投入有限，加之村民对于电脑操作并不熟练，因此淘宝店铺主要定位于电商操作练习，作为微信商城的补充。

此外，老庄村手工艺品和农产品目前已经在陇美电商和中电万维·爱城市优选两个平台销售，今后还将不断在其他电商平台入驻，拓宽展示和宣传渠道，提高销售量。

二 电商平台销售的特色农产品

针对微信商城的运营推广渠道主要有：微信朋友圈、微信公众号群发、微信群、老客户回馈等。电商平台建立运营之后，参与农户很快就看到了互联网销售的效率和收益。商城首批录入的产品包括手作鞋垫、儿童布鞋、野生艾草和土豆。截至2019年6月底，已经有超过100位省内外顾客购买了老庄村的农产品和手工艺品，客户遍及全国10余个省区市，通过互联网了解了老庄村，对产品的

第七章 ——— LAPA农村社区试点项目 ———

---

① 老庄村淘宝店铺（以合作社注册）的地址：https://shop241042937.taobao.com，淘宝店铺（以个人注册）的地址：https://shop333708592.taobao.com。

品质也充分认可，一些客户被作为"种子顾客"重点服务和跟进，以便继续拓宽后续产品的营销渠道。

农产品销售是实现产业发展和农民收入增长的重要环节，LAPA项目在培训过程中，注重案例分析，结合当地实际，充分尊重农民的意愿，为农产品营销制定可行性方案。例如，手作鞋垫和儿童布鞋通过陇美和甘肃爱城市优选进行公益助农销售，鞋垫最远销售到日本。考虑到当地实际困难，项目方全额补贴了包装和快递费，并且在每次培训后把产品带到兰州发货，由于手工刺绣的鞋垫工艺精良美观，颇受顾客的喜爱。野生艾草在老庄村分布广泛，过去从未销售过，仅仅是农户自用，通过互联网销售后，实现了很好的经济效益，干艾草的生产和加工处理门槛低，村民在农闲时节可以制作获得一部分额外收入。广大顾客普遍反映品质很好，项目资助方全额补贴了包装费，协助村民自主发货，并与临洮县城的百世快递和邮政快递建立了合作关系，为今后更多农产品的互联网销售打下坚实的基础。

项目后续计划重点推广土豆、猪肉、大豆、羊肉和鸡蛋等农产品的销售，培育老庄村村民熟悉互联网销售模式，积极发挥创造性和主动性，实现从"帮我卖"到"教我卖"，引导村民了解和对接各项惠农政策，特别是临洮县国家电子商务进农村示范项目，确保年内在老庄村建设扶贫车间、手工作坊和农村电子商务服务点，将这一依托互联网的特色扶贫项目进一步做大做实。

项目计划2019年秋季土豆的销售量突破1000份，合计 1 万斤以上，实现收购价高于市场价 50% 以上，借助互联网彰显老庄村土豆品种优良、绿色认证和地理标志产品的特性，让广大农民普遍从农产品电商中受益。2019 年冬季到 2020 年春节期间，重点推广土猪肉销售，努力争取收购价高于市场价 30%~50%，尽可能多地通过互联网销售，协助做好生猪屠宰、加工处理和仓储运输等环节的工作，积极对接上级政府部门，力争在产品包装、快递费方面获得一定的补贴和优惠政策。

第八章

老庄村应对气候贫困走向
绿色发展的问题与建议

第一节　应对气候变化与精准扶贫的政策背景

一　甘肃省应对气候变化的政策规划

（一）气候变化现状、趋势及影响

2009 年甘肃省政府发布了《甘肃省应对气候变化方案》，指出：气候变化和不合理的人类活动导致甘肃省水资源减少、蒸发量加大、荒漠化加剧，气象灾害频发、疫病流行等主要危害。从气候变化的事实来看，近几十年来，甘肃全省气候总体呈现暖干化。气候变化导致春播作物的播种期提前、秋播作物的播种期推迟，小

麦、玉米等主要作物生长期缩短，棉花、马铃薯、胡麻等作物生长期延长，气象灾害和农业病虫害总体呈加重趋势。

报告预测到 2050 年，全省气温和降水量呈现上升和增加趋势，尤其是气温上升明显，降水的时空变异性加大。降水的增多趋势是一个有利条件，但同时，气温升高也会造成蒸发量加大。由于甘肃全省大部分地区处于干旱、半干旱区，降水增大的有限趋势不可能根本改变甘肃省干旱气候区的基本状况。未来气候变化对甘肃省农业部门的不利影响主要是：极端干旱、洪涝将加剧种植业生产的不确定性，如不采取适应性措施，农作物将会减产；增加病菌生长和存活的机会，导致农作物病虫害的概率增大等。

（二）应对气候变化的减排与适应策略

《甘肃省十三五节能减排与应对气候变化规划》明确指出，在国家确立绿色发展的战略方针下，甘肃省面临着发展方式转型的新挑战。表现为：全省正处于工业化和城镇化的加速发展阶段，环境约束进一步趋紧，扶贫攻坚任务重，应对气候变化工作难度大。对此提出要加强农业、林业领域的节能减碳，增强七大重点领域的适应气候变化能力。

1. 加强农业领域节能降碳

（1）加强农村节能管理。大力支持大中型沼气集中供气工程，鼓励农村家庭电气化等电能替代项目，加快发展节油、节电、节煤等农业装备和设施。鼓励农民使用太阳能热水器、太阳灶、太阳能采暖房，因地制宜发展光伏发电。积极开展畜禽养殖排污申报试点工作，加强畜禽散养户管理，减少农业养殖领域温室气体排放。深入推进农村供水、灌溉水工程，淘汰耗电高、检修频繁、陈旧落后的设备，加快推进由"大水漫灌"转变为"喷灌""滴灌"的灌溉方式，建立高效节水农业；加大对贫困地区、革命老区、少数民族地区饮水安全工程建设力度，提高水质达标率、供水保证率。

（2）增加农业碳汇。发展高效节水农业、旱作农业和现代农业，合理使用化肥农药，有效改善农业灌溉水水质，积极推广有机肥、专用配方肥、堆肥种植，大力推广保护性耕作技术，提升土壤有机质，增加碳汇。深入推进"365"现代农业发展计划，稳定玉米和马铃薯等高产作物粮食种植面积。以河西灌区、沿黄灌区、渭河流域、泾河流域、"两江一水"流域为重点，加快蔬菜标准园创建和标准化生产基地建设，打造特色优质蔬菜产业基地，提升农业碳汇。

（3）优化农业生产和农村生活方式。加快农业生物育种创新和推广运用，加快转变农业发展方式，推进现代农业示范区建设。大力推广"种—养—沼"等低碳循环生产方式，加强农机农艺结合，优化耕作环节，实行少耕、免耕、精准作业和高效栽培。加强土壤培肥改良，开展"农药、化肥零增长行动"，促进农业生产方式转变和现代化建设。重点推进农牧业生产过程减排、水资源高效利用、高产抗逆作物育种和栽培、土壤修复、森林经营、湿地保护与恢复、防沙治沙、生态功能保护恢复关键技术与珍稀濒危物种等生物多样性保护技术。继续推动农作物秸秆综合利用、农林废物资源化利用和牲畜粪便综合利用。禁止秸秆露天焚烧，推进秸秆全量化利用。加快农村环境综合整治，构建农村清洁能源体系。推进规模化畜禽养殖区和居民生活区的科学分离。

此外，规划提出以林业重点生态工程为依托，不断增加森林资源。统筹城乡绿化，加大荒山造林力度。

2. 增强适应气候变化能力

与农村、农业相关的适应气候变化的内容包括如下。

（1）增强种植业、林业、畜牧业适应气候变化能力。根据气候变化趋势调整作物品种布局和种植制度，培育耐旱作物品种，提高复种指数及抗御自然灾害能力。加快推进河西走廊、沿黄灌溉区等生产条件较好地区农田水利和高标准农田建设，优化陇东、陇中干旱农业区及陇南丘陵山地农业区种养结构，大力推广旱作农业技术。

（2）增强水利适应气候变化能力。发展农业节水，推进规模化高效节水灌溉，推广农作物节水抗旱技术。构建区域协调的水资源配置体系、区域供水体系、安全可靠的农村供水体系、农田节水体系、防洪减灾体系、人水和谐的水生态保护体系，实现供水安全、防洪安全、水生态安全。加强重点地区抗旱应急备用水源工程及配套设施建设，增强适应气候变化能力。

（3）增强城乡基础设施适应气候变化能力。城乡建设规划要充分考虑气候变化影响，特别是潜在极端天气气候灾害的影响；开展西北防风固沙生态屏障气候适应试点城市建设，加强雨洪资源化利用设施建设。

（4）增强生态脆弱地区和生态敏感区适应气候变化能力。黄土高原丘陵沟壑区，以多沙粗沙地区为重点，加强坡耕地水土流失治理和小流域沟道坝系建设；采取封山育林、峰坡禁牧措施，减少人为生态破坏；调整产业结构，发展与气候相适应的特色农产品；加强基础设施和公共服务设施建设。

（5）增强人群健康领域适应气候变化能力。加强气候变化对人群健康影响评估。完善气候变化脆弱地区和贫困地区公共医疗卫生设施；加强气候变化相关疾病特别是相关传染性和突发性疾病流行特点、规律及应对策略、技术研究。制定气候变化影响人群健康应急预案。每年开展风险评估，确定季节性、区域性防治重点。加强对气候变化条件下媒介传播疾病的监测与防控，加强与气候变化相关卫生资源投入与健康教育。

（6）增强防灾减灾体系适应气候变化能力。健全气候变化风险管理机制，完善甘肃省气候相关灾害风险区划和减灾预案。针对气候灾害新特征调整防灾减灾对策，强化预测预报和应急处置能力建设。加大基础信息收集力度，建立甘肃省气候变化基础数据库，加强气候变化风险及极端气候事件预测预报。开展农业、林业等部门和领域气候变化风险分析。加强人工影响天气作业能力建设，提高对干旱、冰雹等灾害的作业水平，在冰雹高风险和次高风险地区率先研究实施防雹网等减灾项目，减少风雹灾害对农业生产的不利影响。制定气候敏感脆弱领域和区域适应气候变化应急方案，提高全社会预防与规避极端天气气候事件及其次生衍生灾害的能力。

（7）增强旅游业适应气候变化能力。推行绿色旅游、生态旅游、乡村旅游，引导和鼓励旅游者选择低碳旅游方式等。

临洮县地处黄土高原与青藏高原的交会地带，老庄村位于沟壑纵横的山区地带，属于黄土高原丘陵沟壑区，生态环境非常脆弱。从甘肃省"十三五"适应气候变化的主要目标和重点工程（见附文）来看，适应的重点领域多集中于对国家和区域具有生态安全意义与社会经济发展重要性的行业和区域，例如水利建设，草原、湿地生态系统和城市地区的防灾减灾与健康风险。临洮地区由于山川纵横、水土条件和资源环境相对好于其他干旱地区，并未被列为适应气候变化的重点区域。调研发现，当地政府和农村社区对于气候变化的影响（尤其是气象灾害的预警预防和灾后救助）虽然具有一定程度的重视，但是对于如何将这一长期风险落实在具体的减贫政策设计之中，尚未有长远和明晰的预见与考虑。这种情形导致农村社区只能被动应对气候变化风险，成为气候变化背景下的脆弱群体。

附：甘肃省"十三五"适应气候变化工程

适应气候变化目标：

以主动适应和合理适应为原则，积极开展草原退化综合治理、湿地保护与恢复、城市气候灾害防治、城市人群健康适应气候变化等适应气候变化试点行动，提高甘肃省适应气候变化能力。

适应气候变化工程：

（1）草原退化综合治理试点工程：通过加强草地资源与环境监测、水资源利用与管理，采取退牧还草、围栏封育、人工饲草基地建设、适应性畜产品推广、控制超载放牧和提高草地生产力等措施综合治理退化草原，促进草原畜牧业可持续发展。

（2）湿地保护与恢复工程：在甘南、河西等重点地区，选择常年和季节性沼泽地、泥炭地、盐沼地、湖泊和生物功能明显的水域等重点领域，开展湿地保护和恢复试点工程，提高相应区域和领域适应气候变化能力。

（3）城市气候灾害防治工程：开展内涝、高温、干旱等灾害的综合防治试点，评估气候变化对我省不同区域的影响，探索城市在气候变化条件下加强灾害监测预警、提高规划建设标准。

（4）城市人群健康适应气候变化工程：编制和修

订甘肃省应对极端天气气候事件的卫生应急预案，建立甘肃省极端天气气候事件与人体健康监测预警网络，修订职业劳动防护标准，加强气候变化敏感行业的医疗救治能力建设。

（5）水利建设重点工程：加快配套完善水资源配置工程、区域供水工程、农村供水工程、城市供水工程、水生态保护工程、防洪减灾工程。

资料来源：《甘肃省"十三五"节能和应对气候变化规划》，http://www.gansu.gov.cn/art/2016/8/5/art_4827_282422.html。

二　甘肃省精准扶贫的政策设计

2014年，国务院扶贫开发领导小组办公室、中央农委、民政部、人力资源和社会保障部等七部门联合发布《建立精准扶贫工作机制实施方案》，建议地方政府结合实际情况予以落实。文件要求："集中力量，针对性扶持。各类扶贫资源要以建档立卡为依据，整合力量集中解决制约贫困村发展、贫困户增收的瓶颈问题；因村施策、因户施策、因人施策，做到对扶贫对象精准化识别、对扶贫资源精确化配置、对扶贫目标精细化管理、对脱贫责任精准化考核，扶真贫、真扶贫，确保如期稳定脱贫。"主要内容包括：（1）建档立卡与信息化建设；（2）建立干部驻村帮扶工作制度;(3)培育扶贫开发品牌项目;(4)提高扶贫工作的精准性和有效性;(5)提高社会力量参与扶贫的精准性、有效性;(6)建立精准扶贫考核机制。老庄村基本按照各级政府的要求逐一落实,扶贫开发项目也具有自己的特色,如易地搬迁扶贫、建立农业合作社发展村集体种养殖项目、引入社会力量扶贫等等。①

贫困面大、贫困人口多、贫困程度深是甘肃的基本省情。精准扶贫政策实施之前,全省贫困人口由 692 万人减少到 417 万人,贫困率由 33.2% 下降到了 19.8%,但剩下的却是最难啃的"硬骨头"。2015 年 6 月,甘肃省出台了"1+17"精准扶贫精准脱贫工作方案。②对 225 个特困片带和 6220 个贫困村、97 万贫困户建档立卡,通过扶贫对象、扶贫目标、扶贫内容、扶贫方式、扶贫考评等六个精准,制定精准扶贫精准脱贫的时间表和路线图,找出制约一户、一村乃至一乡脱贫致富的关键所在,列出脱贫需求清单,由对应的各部门具体实施扶贫举措。工作方案要求从 2015 年到 2020 年分阶段实施。主要的阶段性目标如下。

第一阶段:2015~2017 年的前三年是集中攻坚阶段。每年减少贫困人口 100 万人以上,2017 年底贫困地区农村居民人均可支配收入达到 7000 元以上,扶贫对象人均

---

① 甘肃省扶贫开发办公室:《关于印发〈建立精准扶贫工作机制实施方案〉的通知》,国务院扶贫网,2014.05.27. http://fpb.gansu.gov.cn/govpublic/govpublicdetail–967.html。
② 《甘肃省出台"1+17"精准扶贫精准脱贫工作方案》,《甘肃经济日报》2015 年 6 月 15 日。

可支配收入达到 4000 元以上；2017 年贫困县农产品加工业总产值比 2014 年增长 40%；每年建成建制村通畅工程1 万公里以上，到 2017 实现"乡有等级站、村有汽车停靠点、村村通客车"；2017 年完成饮水安全不稳定的 1107个贫困村供水工程的改造升级，实现 26 万户群众通水入户；2017 年底实现贫困村宽带信息网络全覆盖；2017 年完成规划 80% 以上的地质灾害隐患治理和搬迁避让工程；到 2016 年底实现贫困村户户通照明电，自然村通动力电；鼓励邮政快递企业在贫困村设立服务网点，2017 年物流、快递服务基本覆盖贫困村。

第二阶段：2018~2020 年的后三年是巩固提高阶段。2020 年全省贫困地区稳定实现"两不愁、三保障"，消除绝对贫困，所有贫困县实现脱贫。2020 年前完成 63 万户贫困户危房改造，基本消除农村危房；2020 年底实现具有搬迁条件和意愿的贫困户应搬尽搬；2017 年主要农产品标准化覆盖率达到 80%，"三品一标"农产品覆盖 90% 以上贫困村；2020 年贫困县农产品加工业总产值在 2014 年基础上实现翻番；2020 年实现每个贫困家庭至少 1 人取得职业资格证书、掌握 1 门致富技术，实现技能提升培训全覆盖。

此外，通过加快教育、卫生、科技、文化等扶贫步伐，通过改革扶贫机制、融合双联行动、创新投入方式、统筹社会帮扶等措施，将原来的"大水漫灌"转变为"精确滴灌"，帮助贫困群众尽快脱贫。

为了确保上述目标的落实，甘肃省非常重视驻村帮扶工作机制中的人力资源支持。通过驻村帮扶加强贫困地区干部人才队伍建设，实施千名干部挂职精准扶贫、副厅级及副厅级后备干部到贫困县挂职、农村实用人才开发、大学生村官精准扶贫建功立业等"八大行动"，对扶贫任务重、扶贫成效显著、减贫"摘帽"县的领导干部加大了提拔和重用力度，使之成为精准考评的"指挥棒"，确保各级各部门把主要精力放在扶贫开发工作上。

课题组在调研过程中，亲身感受到了甘肃省自上而下对于精准扶贫精准脱贫工作的高度重视。地方政府的各级领导干部也体现出高度的责任感，驻村帮扶干部在扶贫工作的第一线，承担着最繁重和繁杂的工作任务。在国家到地方层层严密、不断加码的考核机制下，即使存在着一些不尽完美，甚至是走形式的工作机制和管理问题，基层的扶贫干部们还是恪守岗位职责、克服自身困难，为精准扶贫的考核监督、深入落实提供了最大限度的理解与配合。

第二节　老庄村面临的气候贫困与发展挑战

对老庄村的调研发现，由于地处西部干旱山区，老庄村的村民生计与健康深受气候变化的不利影响，靠天吃饭的旱区农业及半农半畜的生产方式，导致普遍存在生计脆弱性，贫困户与非贫困户之间对于气候变化的认知、受到的影响和适应能力，并不具有显著差异。村庄在外部城镇化的拉力、气候变化的压力之下，人口持续外流，即便有精准扶贫政策带来的兜底保障政策及产业扶持，村庄发展仍然后继乏力。

老庄村面临的气候贫困风险及发展挑战主要表现在以下几个方面。

一 自然环境脆弱，交通不便

山村地理位置偏僻，交通不便。老庄村距离县城虽然只有 10 公里，但至今没有公交车通行，村民们在山上种植的玉米、马铃薯要运到山下也增加了运输费用。调研中一些村民反映马铃薯在秋季收获后需要储藏过冬，如果遇到降温雨雪冷害天气，马铃薯很容易冻坏，或者难以及时运输和销售出去，造成很大损失。此外，老庄村开展的电商平台项目，虽然是一个非常好的销售渠道，也因为山村没有快递公司覆盖，导致农产品发货难成为一大障碍，物流成本较高也影响了产品的发货时限和销售量。

二 气候变化风险高，应对意识和能力不足

老庄村农户普遍依靠农作物和牲畜养殖作为主要生计来源，由于靠天吃饭、收入微薄，许多农户需要在农时的间歇期间外出打工弥补生计。调研了解到，近年来，临洮

县频繁遭受旱灾、冰雹等极端天气和气候灾害，造成大范围的农业损失。老庄村的农户几乎都有受灾，玉米等主要农作物平均减产五到六成。一方面，由于村民大多在省内或县内打工，收入常常不稳定，即使在政府的扶植下勉强脱贫，许多仍然居住在山上的农户，由于缺乏稳定持续的生计保障，恐怕也难以摆脱贫困脆弱性和因灾返贫的威胁。另一方面，老庄村的许多老一代农户受教育水平低、观念落后，开拓创新精神不足，等靠要的被动思想依然存在。例如，调研发现，老庄村村民对于气候变化风险的长期性和不确定性缺乏了解和认识，虽然政府提供的农业政策保险是一个非常有效的适应举措，许多农户参与农作物保险的主动性和积极性依然不高。

三　人口流失，劳动力匮乏

老庄村实施易地搬迁扶贫之后，相当一部分人口迁居山下，留在山村的多是中老年和病弱人口，以耕作和牲畜养殖为主业，教育水平多为小学及初中水平，劳动力素质相对较低，健康状态普遍较差。老庄村贫困户占全村的一半左右，人口结构中老年人占相当比例，由于村庄的青壮年劳动力持续外流，产业发展缺乏后备人才支撑。例如，LAPA项目帮助老庄村推进的电商平台项目，参与电商培训的群体以村干部和妇女为主，受到观念、意识和学习能力的限制，创业氛围不强，发展电商的后劲不足，亟须培育能够带动社区长远发展的新能人和年轻人。

四　扶贫资源分散，有待整合

调研发现，老庄村带头人的求发展意识强，对于各种外部扶贫资源主动配合、积极利用，然而，村庄里的多种扶贫脱贫的帮扶力量尚未能有效整合，某些方面难以形成合力。首先，政府的精准扶贫政策虽然制定了层层落实的工作机制，但是具体实施过程中仍然存在形式化、一刀切等弊端，尤其是新旧扶贫机制尚未有效衔接，部门政策缺乏融合与对接。例如，以建档立卡和信息化建设为基础的精准扶贫管理考核机制，既缺乏顶层设计的一致性，也缺乏因地制宜的灵活性。课题组对于建档立卡户与低保户、五保户、贫困户之间的关系往往难以区分，其根源是扶贫部门与社会保障部门之间的政策对接不足、标准不一；对于贫困户的认定也受到分配名额和比例的限制，忽略了山区普遍贫困、脆弱性突出的实际状况。

其次，仅仅依赖村集体力量和外部的社会帮扶力量是不够的，需要切实加强政府、市场、社会等多方扶贫资源的整合。社会扶贫是政府扶贫力量的有益补充，需要给予充分的政策支持，鼓励地方政府引入、接纳社会资金和市场资源。例如，受到国家新出台的对于境外非政府组织管理规定的限制，开展社区活动需要一系列行政报批程序，增大了LAPA项目预计的沟通成本和工作流程，导致项目延期一年结束。在电商平台项目中，项目方发现老庄村与县、镇上级业务对口部门的工作沟通还有不少可以对接的空间，例如积极参加县里组织的其他电商培训，至今村级电子商务服务站点还未建立起来，没有获得相应的电商政策支持，这种情况难免会限制互联网商业技术在农村社区的落地生根。

第三节　老庄村实现绿色发展的机遇

欠发达地区的扶贫工作与发展和环境议题息息相关，贫困现象是多种因素交织作用的结果，是一个长期的发展调适过程，不能依靠运动式治理得以根治，需要纳入国家生态文明建设、美丽乡村和新农村建设、城乡一体化进程、绿色低碳发展等宏观战略背景下统筹考虑。

调研中了解到，老庄村受益于国家和地方的精准扶贫精准脱贫政策，许多农户的贫困状况得以缓解，国家的重视和大力投入，给边远山区的社区注入了新鲜的发展理念，带来了投资和发展机会，也让山区的村民们感受到了国家政策的温暖关怀，对未来的乡村发展怀有信心和希望。然而，对于地处干旱山区以农作为生的农村社区而言，无法忽视气候变化带来的灾害风险和生计影响。2020年全面脱贫的目标，即使能够实现，也需要关注脱贫的效果和长效扶贫机制。尤其是在气候变化背景下，我国西部干旱地区极端天气气候灾害将会更加频繁，农村社区的生计脆弱性将更加突出。对此，针对老庄村如何应对气候贫困、实现可持续绿色发展，课题组与地方政府官员、老庄村村委会及驻村帮扶干部进行了多次深入的探讨和交流，提出以下政策建议和发展设想。

一 应对气候贫困的政策建议

老庄村精准扶贫工作中的产业扶贫、易地搬迁扶贫、灾害救助扶贫、文化教育扶贫、健康科普扶贫，以及LAPA项目支持下的农村低碳能源设施、低碳循环农业、电商平台等创新扶贫项目，为我国农村社区协同推进减贫、应对气候变化与新农村建设提供了难得的参考经验。

总体来看，从应对气候贫困的视角来看，老庄村乃至临洮县，可以从以下几个方面推进精准扶贫与应对气候变化的工作衔接。

一是充分利用政府扶贫优惠政策，夯实村集体产业，总结"三变改革"的经验，发挥村集体、合作社的共同致富效应，利用"农户变股东"的激励机制，促进产业扶贫的新理念和政策实践深入民心，促进村民增收。

二是在LAPA项目基础上，积极总结农村社区低碳适应扶贫的试点经验，加以推广，促进农村减贫、适应气候变化与节能减排的协同效益。LAPA项目因地制宜地采取了一系列帮扶措施，受到了村民的欢迎和认可，包括农村太阳能利用、农家猪养殖、绿色马铃薯认证、生物堆肥循环农业技术、电商平台培训及应用等，都取得了良好的效果。

三是巩固易地搬迁的成果，通过易地移民扶贫策略促进老庄村的生态保护和发展转型。目前针对贫困户的"蔬菜暖棚"、镇政府的消费扶贫，已经收到了积极乐观的扶贫效果，设施农业也是提高农业适应气候变化的有效举措，可以在政府的扶植下继续扩大规模，帮助贫困户实现可持续生计和长效脱贫。

四是立足"扶贫先扶智"，开展文化教育扶贫，培育热爱家乡的新一代，提升人口脱贫素质，用优惠政策吸引外流的本土人才和大学生回乡创业。老庄村在驻村帮扶队、外部专家、社会扶贫组织等多种帮扶力量的带动和支持下，连续开展了三年的"文化扶贫夏令营"，将大学生志愿者请进山村，与山村中小学生共同生活、学习，教学相长，在深入社会体验生活的同时，也给山村的孩子们带去了更多的新鲜知识和广阔的视野，甚至为山村实现可持续发展出谋划策。这一文化扶贫的创新模式值得许多贫困地区借鉴。

五是重视健康科普与扶贫工作。一方面，老庄村地处山区，自然环境、气候地理条件不仅导致普遍性的生计困难，而且艰苦的生存环境加剧了灾害和疾病风险，许多家庭因为主要劳动力的年龄大和健康状况不佳而导致生计困难，甚至因长期患病陷入贫困陷阱无法脱离。另一方面，调研中发现，山村的中老年妇女群体承担着繁重的家务劳动，同时忍受着常年劳作、卫生和医疗条件差带来的多种病痛。在社会角色、家庭经济地位、社区决策参与等方面，农村女性群体长期处于弱势地位，因此导致这一群体有着更高的亚健康状态、多病和低就医率。对老庄村的调研也从一个侧面证明了农村妇女是气候变化脆弱群体的主流学界观点。对山村留守中老年女性群体的健康和医疗卫生问题需要给予更多的社会关注与政策支持。

二 老庄村绿色发展设想

关于如何挖掘老庄村的发展潜力，村委会也在积极争取政府和社会力量的支持。一方面，继续办好老庄村文化夏令营，做好文化扶贫；另一方面，计划在 LAPA 项目支持下，每年夏秋季节，在老庄村举办乡村观光游活动，利用电商平台的品牌效应和影响力，吸引组织平台的城市消费者来老庄村实地体验和乡村旅游。老庄村曾是电视剧《父亲的梦想》的拍摄地，绿树成荫、环境整洁优美，距离县城仅有不到 30 分钟车程，夏日凉爽，气候宜人，是避暑和游玩的理想去处。

老庄村对于未来发展的设想如下。

（1）乡村生态旅游项目：设计一些具有吸引力和参与性的主题，旅游的同时可以观光采摘购物，如采摘玉米、大豆、挖土豆、喂羊等富有乡土趣味的休闲娱乐活动，实现线上线下一体化运营。

（2）网络宣传与互动：利用电商平台、微信、抖音、公众号等多种方式，依托临洮县和洮阳镇的洮河景观、牡丹文化节、宗教文化特色等丰富的旅游资源，向外界展示老庄村的美丽风光和丰富物产，实现良性的可持续发展。

此外，中国社会科学院课题组也积极为地方政府建言献策，利用各种机会向外部介绍、宣传临洮县老庄村的扶贫经验。老庄村的精准扶贫、社会扶贫项目已经取得了比较显著的成果，课题组还将继续开展项目评估工作，总结老庄村开展的精准扶贫与应对气候变化目标相互融合的具体举措，提炼甘肃省农村清洁能源社区扶贫的有效模式，加强临洮县与其他西部地区在应对气候变化与减贫领域的经验交流和分享，为我国西部农村地区实现绿色低碳发展、减缓气候贫困、推动可持续扶贫工作提供更多的实践案例。

中国欠发达地区应对气候贫困的
挑战及对策

第一节　中国贫困脆弱区的特点及其减贫挑战

　　中国是气候变化影响的热点区域之一，气候变化已成为我国贫困地区致贫甚至返贫的重要原因。[①] 然而，中国现有的扶贫政策还未充分考虑气候变化因素，气候政策和项目设计中也未充分考虑对地方贫困人口的减贫和收入效应。近十年来，在气候变化的影响下，我国中西部地区的气候灾害频发，灾害致贫和返贫问题突出，对扶贫开发的成果造成很大影响。我们在文献研究和调研考察中了解到，中西部地区许多气候减排项目（例如可

　　① 乐施会，《气候变化与精准扶贫》，2015。本书部分数据资料来源于此。

再生能源开发），未能真正惠及地方发展和减贫目标的实现。对此，需要充分借鉴国际社会的经验，推动低碳发展和减贫工作的理念转型，在精准扶贫、气候变化、防灾减灾等规划项目中加强与扶贫政策的协同，开展试点示范和实践创新。

一　气候变化引发的农村贫困种类多范围广，应对难度大

气候贫困是多重复杂因素驱动的社会经济现象。IPCC第五次科学评估报告指出，气候灾害往往恶化农村社区的粮食短缺和提高健康风险，加剧贫困现状、诱发贫困脆弱性，导致风险放大效应。气候贫困现象受到城市化进程、环境退化、生计脆弱性、治理能力薄弱等社会经济因素的共同作用。一方面，对气候贫困人口的界定和政策设计需要考虑多种因素；另一方面，与其他贫困类型不同，气候贫困的致贫机理是发生在全球和区域尺度上的气候变化因素，个体、家庭和社区往往缺乏足够的资源和能力予以应对，因此，应当由国家和政府设计适应、减灾、减贫协同的社会安全网机制。应对气候贫困，既需要加强社会经济系统的安全防护网，也要加强对气候变化风险的预测和预防。

贫困与气候脆弱性高度关联，经济发展是解决贫困问题的重要手段。对于中国西部许多依靠自然资源和农业谋生的农村地区而言，气候变化加剧了贫穷、生态环境恶化和发展过程中的风险，当地居民难以摆脱"贫困陷阱"。

由于人口众多、经济欠发达、区域经济发展不平衡，防灾减灾基础设施脆弱，承受和防御灾害的能力较差，因此中国自然灾害所造成的人员伤亡和经济损失大部分来自农村地区、中西部地区和贫困地区。农村地区正在成为老弱妇孺的留守地，这些群体往往是极端贫困人群，同时防灾自救的知识和能力非常薄弱，也是气候灾害的高脆弱群体。2015 年 5 月，中国扶贫基金会发布的《中国公众防灾意识与减灾知识基础调研报告》[①]指出，中国居民的防灾减灾意识相对发达国家非常薄弱，农村社区居民只有 11% 的受访者关注灾害知识，普遍缺少危机意识，在农村老年人和女性群中，这一问题尤为突出。据统计，一般灾年西部地区灾民人数约为 500 万，重灾年份则高达 1500 万人。在一些西部地区，如云南、贵州、广西、陕西等地，恩格尔系数高达 60% 以上，许多农村人口处于极端贫困和饥饿之中。[②]

二 中国减贫工作进入攻坚阶段，精准扶贫任务艰巨

习近平总书记将农村贫困人口脱贫作为我国全面建成小康社会最为突出的短板。国家"八七扶贫攻坚计划"有力地推进了贫困地区的发展，解决了 2 亿多贫困人口的温饱问题。《中国农村扶贫开发纲要（2011—2020 年）》针

---

① http://news.xinhuanet.com/gongyi/2015-05/07/c_127775786.htm，新华网，2015年 5 月 7 日。

② 覃双凌：《我国西部地区农村社会保障制度建设和对策取向》，《湖北社会科学》2009 年第 4 期。

对贫困地区进一步加大财政转移支付力度，实施财政税收优惠政策，提高教育和医疗投入，加强水利交通等基础设施建设，实施定点扶贫与对口帮扶、易地扶贫搬迁等一系列减贫政策。我国目前的贫困现状是：1800万城镇低保人口、1.3亿65岁以上老龄人口、2亿多农民工、900多万城镇失业人员等。对此，我国2020年国家扶贫战略制定了两大脱贫目标：（1）"两不愁"，吃穿不愁；（2）"三保障"，义务教育、基本医疗、住房安全三项基本保障。[①] 在2015年11月的中央扶贫工作会议上，习近平总书记指出了我国实现2020脱贫目标的五大挑战：一是脱贫人口多，任务难度大；二是成本高，按照2万元解决一个贫困人口，就需要14000亿元扶贫资金；三是返贫及新贫困人口不断出现，扶贫很难除根；四是第一代农民工已进入老龄阶段，因常年在外打工积劳成疾，社保不得力，是比较普遍的问题；五是经济总体形势下行，就业压力大。

2015年联合国后发展议程倡议各国推动应对气候变化与减贫的协同机制。2015年9月联合国大会通过了决议《改变我们的世界：2030年可持续发展议程》，首要目标即是"在全世界消除一切形式的贫困"，其中第五个任务涉及气候贫困议题"到2030年时，增强穷人和处境脆弱者的韧性，减少他们遭受极端气候事件，其他经济、社

---

① 中共中央 国务院印发《中国农村扶贫开发纲要（2011—2020年）》，新华网，2016-02-06，http://www.china.com.cn/lianghui/fangtan/2016-02/16/content_37872114.htm。

会、环境冲击和灾害的风险及易受其影响的程度"（见表9-1）。2013年9月，中国发布了《中国实施千年发展目标进展情况报告（2013）》，全面介绍了自2010年以来中国推进落实各项千年发展目标的情况。根据报告，目前中国已提前完成千年发展目标提出的实现减贫、饥饿人口减半、普及初级教育、消除中小学教育性别歧视、降低五岁以下儿童死亡率、防控结核病和疟疾、提供安全饮用水和基本环卫设施等七个发展指标。同时，中国仍然具有发展不平衡、不协调、不可持续等突出问题，还有众多贫困人口有待脱贫。[①]

表9-1 联合国后千年发展议程中的减贫目标

目标1. 在全世界消除一切形式的贫穷

1.1 到2030年时，在全世界所有人口中消除极端贫穷，极端贫穷目前是指每人每日生活费不到1.25美元

1.2 到2030年时，各国按其标准界定的陷入各种形式贫穷的不同年龄段男女和儿童人数至少减半

1.3 建立适合本国国情的全民社会保护制度和措施，包括最低标准，并使其到2030年时在很大程度上涵盖穷人和弱势者

1.4 到2030年时，所有男子和妇女，特别是穷人和弱势者，都有获取经济资源的平等权利，并能获得基本服务，拥有和控制土地和其他形式财产，获取遗产、自然资源、有关新技术和包括小额供资在内的金融服务

1.5 到2030年时，增强穷人和处境脆弱者的韧性，减少他们遭受极端气候事件，其他经济、社会、环境冲击和灾害的风险及易受其影响的程度

1.a 从各种来源，包括通过加强发展合作，大力调集资源，为发展中国家，特别是最不发达国家提供适当和可预见的资源，以便执行消除一切形式贫穷的方案和政策

1.b 根据旨在帮助穷人和顾及性别平等问题的发展战略，在国家、区域和国际各级制定合理的政策框架，协助加快对除贫行动的投资

① 陈迎：《联合国2015年后全球发展议程：从理念到实践》，中国人权网，2015，10，10，http://www.humanrights-china.org/html/special/2015/1010/452.html。

三 城镇化进程加剧了应对贫困的难度和复杂性

《中国极端天气气候事件和灾害风险管理与适应国家评估报告》指出，未来三十年是我国城镇化和工业化的持续、快速提升时期，21世纪中国的高温、洪涝、干旱等主要灾害风险加大，未来人口增加和财富集聚对于极端天气气候等灾害风险具有叠加和放大效应，对此需要密切关注气候灾害风险对中国西部连片贫困地区的潜在影响，加强对气候安全和农业安全的重视。[①] 目前我国农村地区的基础设施和科技力量均比较薄弱，面对自然灾害的抵抗力较弱，通过城镇化实现农村人口向城镇地区的转移是降低生态脆弱地区气候贫困人口暴露度的一种有效途径。

城镇化和工业化将有利于农业人口的非农化、改善农村生计多样性，并有助于提升适应能力。从农村到城市地区的劳动力是为农村家庭提供汇款和转移支付收入的重要经济来源，例如有研究发现亚洲发展中国家农村地区生计与贫困逐渐与土地脱钩的现象，例如城镇化和便利的交通设施增加了非农就业机会，降低了农村家庭对土地的生计依赖性。[②] 农民工进入城镇务工弥补家庭收入差距，已经成为发展中国家农村群体应对贫困的重要途径。然而，由于农村到城市的新移民缺乏足够的资金、物资和社会关系以及政策扶持，对于突发性气候灾害更

精准扶贫精准脱贫百村调研·老庄村卷

238

[①] 秦大河、张建云，闪淳昌主编《中国极端天气气候事件和灾害风险管理与适应国家评估报告》，科学出版社，2015。

[②] Rigg, J., "Land, farming, livelihoods, and poverty: rethinking the links in the rural South", *World development*, 2006, 34(1): 180-202.

缺乏应对能力。

　　根据中国社会科学院的测算，中国未来将有1亿农村人口市民化，平均每个市民的进城成本为10万元左右，如果城市政府不能为农民工群体提供足够的劳动权益保护和社会保障等政策支持，这些群体在身份转换时很可能会成为新的贫困群体。《新型城镇化背景下的中国灾害风险综合研究计划》指出，城镇化进程削弱了一些地区的防灾救灾能力，例如，由于农村青壮劳力大量进城务工，安徽省传统的依靠农民义务投工投劳的水利冬修春修制度难以为继，农村基础水利设施建设管理与维护的力量削弱，防汛抗洪、查险抢险力量不足，汛期中小河流与圩垸溃堤时有发生。因此，需要充分考虑城镇化进程对农村发展和减贫的影响，尽量发挥政策的协同效应。

第二节　中国欠发达地区应对气候贫困的建议

　　农业、农村、农民问题是我国社会经济生活中的重大基本问题。解决好"三农"问题，是保证国家粮食安全的迫切需要，也是确保社会稳定、国家长治久安的迫切需要，有助于实现全面建设小康社会宏伟目标。基于中国国情，适应气候变化，是中国生态文明建设和经济社会发展规划的基本要求。十八大报告明确提出应对全球气候变化，构建科学合理的城市化格局、农业发展格局、生态安全格局。中国"十二五"发展规划制定了以七大农业主产区为主体，其他农业地区为重要组成部分的"七区二十三带"农业战略格局。2013年11月发布的《国家适应气候变化战略》将全国重点区域划分为城市化、农业发展和生态安全三类适应区。

国内外对气候变化和扶贫发展这两个全球问题给予了高度重视，但两者之间的相互作用和联系却还没有得到足够的重视。长期以来，在扶贫发展规划中很少考虑气候变化的影响，在应对气候变化工作的政策设计和推进中也较少真正覆盖到农村，尤其是贫困农村地区弱势小农的利益。图9-1分析了国家扶贫战略与应对气候变化战略的关系，可据此设计中国的气候贫困应对战略。

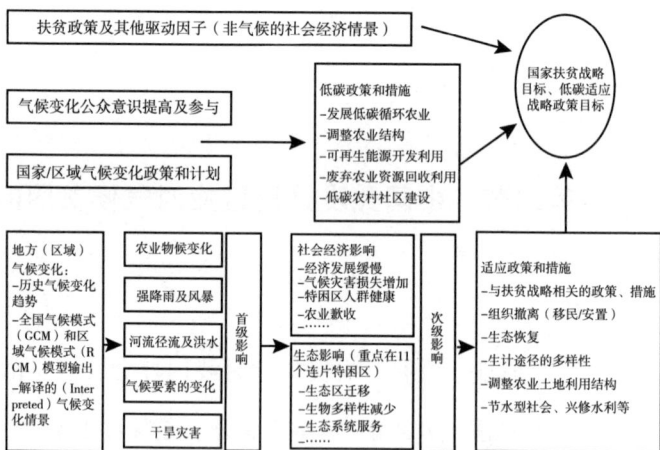

图9-1 中国的气候贫困综合应对战略思路

在应对气候贫困的政策建议方面，既要积极学习和借鉴其他国家的先进经验，也要充分考虑我国的国情及发展阶段特点。未来 30~50 年是中国城镇化提升的关键时期，在气候变化背景下应对气候灾害风险、减少气候贫困，既是我国城镇化进程中面对的一项新的发展挑战，也是保护和巩固社会主义建设成果的必然诉求，是践行"创新、协调、绿色、开放、共享"五大发展理念的切实需要。应对气候贫困的政策机制设计，需要体现以下理念和原则。

（1）在治理理念上，必须实现发展模式与政府决策理念的转型，以人与自然和谐的绿色发展理念作为价值取向，从竭泽而渔、征服自然的工业文明模式，转向尊重和顺应自然规律的生态文明理念，建设城乡协同发展的新型城镇化，改变气候灾害"三分天灾、七分人祸"的现象。

（2）在指导原则上，兼顾公平和效率原则，同时体现社会主义公平原则，在建立和完善全覆盖、普遍性的社会福利体系防护网的同时，加大对气候贫困地区和人口的能力建设及科技教育扶贫投入，理性决策，算经济账，优先支持高风险地区和脆弱群体的风险防护投入，避免因灾返贫导致社会贫富差距加大，防范农业和农村地区受灾导致农产品市场不稳定、贫困化加剧和流动人口增多，引发一系列灾害链效应。

（3）在实践层面，积极学习借鉴国内外的先进经验，将适应气候变化、防灾减灾战略纳入国家减贫战略目标，尤其是注重老少边穷、生态重点地区的减贫、防灾减灾、生态保护与适应气候变化的协同设计，构建绿色发展指标体系，将减贫、防灾减灾目标纳入地方政府官员绩效考核体系，加强政府监管和社会监督。

一 将应对气候变化纳入扶贫战略，减少贫困脆弱性

加大对农村地区的发展型适应投入，制定基于发展型适应的气候扶贫战略，降低中国气候贫困的人口数量和规模。本书针对甘肃省临洮县老庄村的案例研究表明，在许多以农林牧业为主的山村贫困地区，气候变化及灾害影响往往是加剧生态退化、生计恶化、影响人口健康的主要驱动因素。《中国农村扶贫开发纲要（2011—2020年）》、"国民经济十二五规划"中指出了全国11个连片特困地区，此外还包括实施特殊发展扶持政策的西藏、四省藏区、新疆南疆三地州等扶贫攻坚区域，共14个连片特困地区。这些地区也是气候变化的敏感地区，尤其需要关注这些具有多重脆弱性的欠发达地区，推动发展型适应。例如，关注西部农村地区气候变化和极端灾害引发的贫困加剧问题，尤其是集中连片贫困地区、山区和少数民族贫困地区的极端灾害风险防范与适应问题。

我国目前的精准扶贫战略提出了扶持谁、谁来扶、怎么扶的操作性问题，扶贫途径包括：①发展生产、加强地方提供公共服务的基础保障能力；②对于生态环境恶劣地区实施易地搬迁扶贫；③25度以上坡地农田实施退耕还林及生态补偿扶贫；④发展教育、扶贫先扶志；⑤社会保障兜底一批贫困户；⑥加强医疗保险及救助等多种措施。

气候扶贫战略应当在此基础上侧重于两类气候贫困现象，一是长期的气候暖干化趋势引发的大范围环境恶化及贫困陷阱加剧现象，二是极端天气气候灾害引发的因灾致

贫或返贫现象。对此，建议着重实施以下措施：①基于气候变化脆弱性，制定国家适应区划，加大财政对气候贫困高发地区的政策扶植力度；②重视贫困地区的气候变化科普培训，增强气候贫困群体的风险防范意识和能力；③加强对气候贫困地区的防灾减灾科技投入，研发农业抗逆技术和农作物产品；④加大产业扶贫力度，鼓励发达地区在气候贫困地区的绿色低碳农产品开发投资项目，对吸纳一定比例贫困人口就业的企业给予资金、金融、税收等方面的优惠和支持。

二 积极推进新农村建设，加强对西部地区的基础设施投入

未来2030年，将有1亿人口实现农民工的市民化，主要由中西部地区（长江中上游地区、西北内陆省份）吸纳。中西部地区近些年在西部大开发、"一带一路"建设的推动下，经济发展快速，同时也是气候变化脆弱性高、气候灾害风险高发地区。未来全球和中国的气候变化风险有可能引发全球性和区域性的粮食价格波动，将抵销收入增长，需要关注气候变化引发的城市贫困群体，也需要关注农民工市民化过程中出现的城市新贫困阶层。西部地区减小气候贫困的适应政策设计需要兼顾未来中国城镇化战略、农业发展战略下的不同农业地区的发展和适应需求，重点侧重以下方面：（1）加大对西部欠发达地区的发展型适应投入和气候防护投入（教育、医疗、减灾基础设施等），推动就业和增长；（2）积极推进新农村建设，促进

农村人口向城市化稳步转移，提升城镇化质量；（3）建立城乡统一的基础设施和公共服务制度，将防灾减灾与区域发展规划、主体功能区建设、生态环境改善紧密结合。

三 协同灾害风险管理与适应气候变化，提升贫困地区应对气候风险的韧性

建立农村自然灾害综合防护体系。在社会保障体制不够完善的情况下，农业自然灾害成为影响农民日常生活和经济发展的主要因素。农业自然灾害风险不仅是农民负担的一种个人成本，也是一种"社会成本"，政府对于农民救助负有不可推卸的责任。政府要完善粮食储备和大灾统筹制度，同时注重提升和改造以农田水利为重点的基础设施，加强农业防灾能力。水利是农业的命脉，农田水利设施薄弱，农业生产受旱涝等自然灾害因素的制约就大，加强农田水利基本建设可提高抵御自然灾害能力、农业综合生产能力，并增加农民收入。重点加大农村基本水利建设，农村基础设施建设要以水利为重点，从而提高对农业旱涝灾害的应对能力，解决靠天吃饭的问题。在一些地区，还应加强设施农业、耕地保育、退耕还林（草）等配套基础建设。

四 建立公平、全覆盖的社会保障体系，构建气候贫困的保护网

我国的农村社会保障体系包括正式和非正式的部分，

农村地区的社会保障体系建设一直落后于城市地区，主要是以土地和家庭为传统的社会保障方式。在城镇化和工业化的推动下，农村地区的社会保障体系面临着经济发展、社会结构变迁等的影响，表现为：农村劳动力流失、失地农民增多、非农收入增加、农业生产成本增加、农村乡土文化中的人情互助传统日益衰减。各国政府在应对气候变化中都意识到了政府主导责任的重要性，通过提供社会福利支持可以帮助社区和家庭提升适应能力。社会保障体系包括三大类主要政策：（1）社会安全网，即社会援助，包括有条件或无条件的现金性转移支付、公共就业项目、政府补贴、食物券等；（2）社会保险，如养老金、健康保险、劳动保障等；（3）劳动力市场措施，如就业培训和服务、失业补偿金等。[①] 社会保障系统有助于避免贫困群体、脆弱群体陷入贫困陷阱，增强其应对不利冲击（包括长期气候变化、突发的极端天气气候灾害）的适应性和承受力。[②] 政府的主要职责是为穷人提供社会安全网和全面的健康医疗服务体系，同时将这些努力纳入气候韧性措施，如抗旱作物、灾害预警体系等。[③] 中国的老少边穷地

① WB, Global Monitoring Report 2014/2015: Ending Poverty and Sharing Prosperity. Washington, DC: World Bank. 2015.

② IPCC, "Climate Change 2014: Impacts, Adaptation, and Vulnerability. Part A: Global and Sectoral Aspects". Contribution of Working Group II to the Fifth Assessment Report of the Intergovernmental Panel on Climate Change[Field, C.B., et al. (eds.)]. Cambridge University Press, 2014.

③ WB, Hallegatte, Stephane; Bangalore, Mook; Bonzanigo, Laura; Fay, Marianne; Kane, Tamaro; Narloch, Ulf; Rozenberg, Julie; Treguer, David; Vogt-Schilb, Adrien. 2016. Shock Waves: Managing the Impacts of Climate Change on Poverty. Climate Change and Development; Washington, DC: World Bank. 2016.

区也是气候灾害高发的脆弱地区，为了避免脱贫后因灾返贫，可以参考国际经验，针对气候贫困风险设计更具针对性的地区扶贫政策，例如，提供全覆盖的农村最低生活保障补助、提高农村医疗保险的覆盖率、为农村学校提供学生饮食补贴、针对灾害和意外事件的农村社会救助计划等等。

五 建立气候贫困和减贫的监测与评估体系，提升精准扶贫瞄准度

贫困不等于贫困脆弱性，后者是一种易损性特征，减贫战略、社会福利政策和地区发展规划，需要进行气候变化下的贫困脆弱性评估，以便了解气候贫困的现状及未来潜在的气候贫困特征，包括数量、区域、脆弱性等具体特征等。加强监测和评估，有助于对气候扶贫进行过程控制、事先预警，并评估减贫政策和项目的成本效益或成本有效性。针对甘肃省老庄村的深入调研发现，政府的精准扶贫政策通过对贫困户建档立卡，区分不同类型的贫困，加强了对贫困户的识别能力，有助于提高扶贫的精准性。然而，对于因灾致贫返贫，目前的受灾统计、上报和救助体系还存在一些问题，精准扶贫或灾害救助的识别存在不合理因素，加剧了社会矛盾。建议精准扶贫中新增气候贫困这一类型，针对不同地区、群体设计减贫政策和措施，结合目前的贫困监测和统计体系，增强气候扶贫政策的瞄准度和针对性。

六　设立国家专项资金，开展气候扶贫试点

建议设立气候适应国家专项基金，或协同、整合现有的国家、部门和地方资源，加大对气候贫困高发地区的资金和项目支持。目前国家发改委和财政部主导的清洁发展机制（CDM）气候基金、国务院扶贫部门的精准扶贫项目、民政部的防灾减灾资金等等，可以针对不同地区的情况和需要，设计气候扶贫项目。例如，一些西部省份因地制宜实施了政府主导的生态移民工程，如甘肃省临洮县老庄村的易地搬迁、产业扶贫、社会组织扶贫、电商平台等项目活动初见成效；宁夏的生态移民实践兼顾了扶贫、开发、生态保护和民生等多项目标，都是降低气候贫困高发地区致贫、返贫风险的有效举措，是主动的、有计划的适应行动。[①] 对于处于气候变化风险较高、需要人口迁移的地区，需要给予特殊的优惠政策，以便这些地区能够在发展中解决农村人口的城市化问题和移民就业问题。此外，建立农业适应气候变化示范区也是通过试点推进政策规划的有益途径。针对中国农业区域多、气候地理条件差异性大的特点，可选择典型农村地区或农业主产区，开展国家、区域和地方层面的农业适应示范试点，以便总结经验，进行推广。可针对不同气候地带和发展水平的农村地区，开展现代设施农业、生态农业、碳汇林业、草原畜牧业等农业适应示范区建设，例如，在西北干旱地区建立旱

---

① 潘家华、郑艳：《气候移民概念辨析及政策含义——兼论宁夏生态移民政策》，《中国软科学》2014年第1期。

作节水农业示范区，发展节水、生态、特色、避灾的灌溉农业，推广旱作农业和保护性耕作技术，提高农业抗御自然灾害能力。

七　利用市场机制，建立完善农业应对气候灾害风险的分担机制

政府扶持和市场机制相结合推进农业保险，提高农业保险覆盖率。农业保险主要承保农业产业在生产过程中因遭受约定的自然灾害、事故或病疫所造成的经济损失而承担赔偿保险金责任。因其风险结构具有特殊性，农业保险通常被界定为特殊的"有国家补贴的商业保险"。2012年中央一号文件明确提出要扩大农业保险险种和覆盖面。农业灾害保险的推行，能够补偿农民在农业生产中由于自然灾害造成的损失，有助于受灾农民恢复生产和解决灾后生活问题。例如，2010~2012年云南连续三年大旱，直接推动了云南政策性农业保险制度变迁。2012年8月起，云南把旱灾、虫灾等易发性灾害纳入政策性种植业保险的基本责任，在全国率先启动政策性农业巨灾保险制度试点，其中云南种植业起赔线由以前损失率70%赔付降低到20%，赔偿比例由原损失金额的50%提高到80%。[①]2016年中央一号文件在农业保险部分的描述明确表示：积极开发适应新型农业经营主体需求的保险品种。探索开展重要农产

---

① 张艳、范流通、卜一：《政策性农业巨灾保险偿付能力评估——基于云南试点的调查》，《保险研究》2012年第12期。

品目标价格保险以及收入保险、天气指数保险试点。稳步扩大"保险＋期货"试点。天气指数保险的赔偿是基于天气指数付费而不是针对个别农产品的产量损失。我国目前已经在国内开展了全覆盖的针对粮食作物的政策性农业保险，也有一些商业化的天气指数保险产品试点，未来这一农业保险市场还有待研究与实践的拓展。本书针对老庄村的调研表明，精准扶贫政策中的农作物保险、农房保险，对于减轻贫困户的生计压力是有积极作用的，后续工作可以选择贫困地区试点并开展天气保险。

附　录

气候变化与贫困脆弱性调研问卷

1. 基本问题

	是	否
您听说过气候变化、全球变暖吗？ 您家庭是否参与了低碳扶贫项目 备注（项目内容）：		

2. 过去 5 年间的天气和气候变化有哪些切身感受？（选最突出的前三个）

1	气候更干旱了，与早年相比，雨水更少了	☐
2	农时不太正常了（例如该雨不雨）	☐
3	夏天更热，热天更多了（取水、浇地的次数更多了）	☐
4	冬天不如以前冷了（低温冷冻日减少）	☐
5	雷阵雨、冰雹、暴雨、雷电等极端天气更多了	☐
6	沙尘暴（大风、扬尘天气）更多见了	☐
7	暖冬导致庄稼病虫害更多了（如蝗虫）	☐
8	家里（老人儿童）因为时令不正常更容易生病了	☐
其他		

3. 您认为天气和气候变化对您和家庭的生活和劳动影响大吗？

	0 基本上没影响	1 有一点儿影响	2 影响比较大	3 影响很大
出行				
健康				
劳动				

4. 您的记忆中（如过去 30 年），家庭和村庄是否经历过比较严重的气象灾害？（0 为没有听说或遇到过，1 为不严重，2 为比较严重，3 为年份）

		0	1	2	3 年份
1	干旱严重，人畜缺乏饮水，庄稼旱死或歉收				
2	有雷电伤人事件，断电事故				
3	冬春天遇到冷害，庄稼受灾，水管冻裂				
4	暴雨、山洪冲垮道路、桥梁、冲走牲畜				
5	冰雹伤人伤畜，砸坏庄稼、房屋大棚				
6	大风、沙尘暴毁坏庄稼，人畜伤亡				

5. 您和家人从哪些途径获得天气预报或灾害预警信息？（选 2 个最主要的）

广播	☐	报纸	☐
电视	☐	手机短信	☐
村委会通知	☐		

6. 2016 年夏天的干旱，您的庄稼收成减少了几成？ ☐

如果未来经常出现类似程度的干旱，您觉得对家庭收入影响大吗？为什么？

比较大	☐
不大	☐

7. 如果政府（气象部门）预测，未来类似的干旱和极端天气更多，您家庭收入是否受影响？

1	影响很大	☐
2	不太大	☐
3	不好说	☐

8. 如果未来频繁遇到类似旱灾，影响农作物收成、减少农业种植收入，您会如何应对？

1	增加家庭存款、存粮	☐
2	增加外出打工时间，补贴家用	☐
3	依靠在外工作的家人（子女）接济、养老	☐
4	参加政策保险（庄稼/农房财产保险，人身保险）	☐
5	依靠政府救济、补贴（申请贫困补贴项目）	☐
6	多关注气象部门的天气预报	☐
7	依靠自己的农业经验（调整作物品种和耕作时间）	☐
8	移民，从事其他生产经营活动（如商贸、三产等）	☐
其他		

9. 您希望政府提供哪些支持提高抗风险能力？

1	农业增收项目	☐
2	农田水利基础设施（道路、引水设施、开垦荒地等）	☐
3	农业技术支持（抗旱耐寒作物、病虫害防治培训等）	☐
4	农产品政府统购包销（农超对接，农企联合等）	☐
5	更多更便利的惠农政策（如农业小额信贷和金融服务）	☐
6	提高低保、扶贫资助额度	☐
7	植树造林、防治荒漠化，改善生态环境	☐
8	在政府支持下搬迁到移民新村，或在县城购房置业，农转非	☐
其他		

10. 目前主要是什么因素影响您家庭生活（前三位）？

1	自然环境（交通不便，气候不好，靠天吃饭）	☐
2	家庭劳动力少，负担重（有学生、病人、赡养老人等）	☐
3	农产品市场价格波动，务农收入低	☐
4	打工难，收入不稳定	☐
5	缺技术，没文化，技能不足	☐
其他		

11. 您是否已经搬迁到山下的移民村？ ☐ 如果是，迁移时间：＿＿＿＿＿＿＿＿＿＿年

12. 搬迁前后的生活、环境变化（0 变差了，1 变化不大，2 有所改善，3 显著改善）：

		0	1	2	3
1	交通出行、看病、上学更加方便				
2	生活条件（如做饭、照明、洗澡等）				
3	农业生产条件（农田水利基础设施）				
4	社区体育文化娱乐设施				
5	人际交往能力，就业机会（通讯条件，获取新信息等）				
其他					

13. 搬迁费用主要来自：

1	家庭存款	☐
2	政府补助款	☐
3	子女亲友的援助	☐
4	私人借贷	☐

14. 您及家庭对于迁居是否满意？

1	非常满意	☐
2	基本满意	☐
3	不太满意	☐

15. 如果没有搬迁，未来3~5年内，您家庭会考虑搬迁到更好条件的地区吗？

1）不会（没能力搬迁）　☐

2）有打算，有能力就搬迁　☐

3）没想过　☐

16. 如果有条件（比如政府支持），您会优先考虑全家搬迁到什么地方，以何主业谋生？

1	附近县城，从事商业经营	☐
2	城市周边，方便打工（如山下的移民新村）	☐
3	水土条件好的地区，务农	☐
4	投靠子女	☐

17. 如果搬迁，对您家庭最大的困难是什么？

1	搬迁成本难以负担	☐
2	故土难离（山上有地）	☐
3	需要学习新的生活、生产技能（如从事商业经营等）	☐
4	没想过	☐

参考文献

［英］马瑞丽斯·特恩布尔、［澳］夏洛特 L.斯特雷特、［美］艾米·希尔博：《提升恢复力——灾害风险管理与气候变化适应指南》，地质出版社，2015。

阿玛蒂亚·森：《以自由看待发展》，中国人民大学出版社，2009。

戴海龙、赵慧娟、蒙渊：《气候变化对贫困地区农户生计的影响——以宁夏西吉县为例》，《中国市场》2011 年第 52 期。

胡玉坤：《气候变化阴影里的中国农村妇女》，《世界环境》2010 年第 4 期。

姜冬梅、隋燕娜、杨海凤：《草原牧区生态移民的贫困风险研究———以内蒙古苏尼特右旗为例》，《生态经济》2011 年第 11 期。

乐施会：《低碳适应与扶贫综合发展计划——中国陕西省宇家山试点项目》，2016。

乐施会：《气候变化与精准扶贫》,2015。

马忠玉主编《宁夏应对全球气候变化战略研究》，黄河出版传媒集团阳光出版社，2012。

孟慧新、郑艳：《气候贫困的影响机制与应对策略》，载《应对气候变化报告 2018》，社会科学文献出版，2018。

民政部国家减灾中心：《农村社区减灾能力建设研究报告》，2009。

秦大河、张建云、闪淳昌主编《中国极端天气气候事件和灾害风险管理与适应国家评估报告》，科学出版社，2015。

许吟隆、居辉：《气候变化与贫困——中国案例研究》，绿色和平，乐施会，2009。

张倩：《牧民应对气候变化的社会脆弱性：以内蒙古荒漠草原的一个嘎查为例》，《社会学研究》2011 年第 6 期。

张倩：《贫困陷阱与精英捕获：气候变化影响下内蒙古牧区的贫富分化》，《学海》2014 年第 5 期。

张艳、范流通、卜一：《政策性农业巨灾保险偿付能力评估——基于云南试点的调查》，《保险研究》2012 年第 12 期。

郑艳、孟慧新、石尚柏：《气候变化对农村地区的影响、认知与启示》，乐施会，2017。

郑艳、孟慧新、谢欣露、石尚柏、范建荣：《气候移民动力机制：基于混合研究范式的宁夏案例》，《中国软科学》2016 年第 3 期。

郑艳、潘家华、谢欣露、周亚敏、刘昌义：《基于气候变化脆弱性的适应规划——一个福利经济学分析》，《经济研究》2016 年第 2 期。

周力、郑旭媛：《气候变化与中国农村贫困陷阱》，《财经研究》2014 年第 1 期。

Barnett, B. J., C. B. Barrett & J. R. Skees, "Poverty Traps and Index-Based Risk Transfer Products", *World Development*, 2008, 36 (10).

Carter, M. R. & C. B. Barrett, "The Economics of Poverty Traps and Persistent Poverty: An Asset-based Approach", *Journal of Development Studies*, 2006, 42(2).

Chambers, R. and Conway, G.R. *"Sustainable Rural Livelihoods: Practical Concepts for the 21st Century"*, Discussion Paper 296. Brighton, UK: Institute of Development Studies. 1992.

Global Monitoring Report 2012: Food Prices, Nutrition, and the Millennium Development Goals, The International Bank for Reconstruction and Development/The World Bank, eISBN: 978-0-8213-9523-3.

Hertel, T. W., S. D. Rosch, "Climate Change, Agriculture, and Poverty", *Applied Economic Perspective and Policy*, 2010, 2(3), 355-385.

IPCC, *"Climate Change 2014: Impacts, Adaptation, and Vulnerability. Part A: Global and Sectoral Aspects"*. Contribution of Working Group II to the Fifth Assessment Report of the Intergovernmental Panel on Climate Change [Field, C.B., et al. (eds.)]. Cambridge University Press,2014.

Olsson, L., M. Opondo, P. Tschakert, et al., *"Livelihoods and Poverty. In: Climate Change 2014: Impacts*, Adaptation, and Vulnerability. Part A: Global and Sectoral Aspects. Contribution of Working Group II to the Fifth Assessment Report of the Intergovernmental Panel on Climate Change [Field, C.B., et al. (eds.)]. Cambridge University Press, Cambridge, United Kingdom and New York, NY, USA, pp. 793-832.

WB, *"Global Monitoring Report 2014/2015: Ending Poverty and Sharing Prosperity"* . Washington, DC: World Bank. 2015.

WB, Hallegatte, Stephane; Bangalore, Mook; Bonzanigo, Laura; Fay, Marianne; Kane, Tamaro; Narloch, Ulf; Rozenberg, Julie; Treguer, David; Vogt-Schilb, Adrien. *"Shock Waves: Managing the Impacts of Climate Change on Poverty. Climate Change and Development"* , Washington, DC: World Bank. © World Bank. 2016.

Xu, G.C., M.Y. Kang, Y. Jiang, "Adaptation to the Policy-oriented Livelihood Change in Xilingol Grassland, Northern China" , *Procedia Environmental Sciences*, 2012, (13):1668 – 1683.

后 记

　　本书作为中国社会科学院国情调研特大项目"精准扶贫精准脱贫百村调研"的子课题之一，于 2017 年初正式启动。然而，本书作者针对"气候变化与贫困"这一主题的研究、思考与探索早在 2010 年前后就开始了。在潘家华研究员牵头主持的中国 – 英国 – 瑞士国际合作项目"中国适应气候变化项目（Adapting to Climate Change in China）"、中国科协"综合风险研究计划（IRDR）"等项目的支持下，本书作者郑艳研究员作为子课题负责人先后十多次赴宁夏、内蒙古、青海、四川等地开展调研考察活动，对于欠发达农村地区在气候变化大背景下的贫困加剧及移民问题，获得了许多一手信息及直观感受。这些前期工作得到了在中国扶贫与发展领域从事多年社区工作的乐施会项目官员的关注，并通过专家咨询、调研座谈等形式，开展了初步的文献研究，体现为 2017 年底完成的报告成果《气候贫困：气候变化对农村贫困的影响、认知与启示》，其中的部分观点与建议也体现在本书之中。

　　在乐施会及甘肃省农村能源协会的邀请和支持下，郑艳研究员 2016 年 9 月首次赴甘肃临洮县老庄村先行进行了实地考察，并选择老庄村作为探索气候贫困问题的典型案例，成功申请了"精准扶贫精准脱贫百村调研"子课题。郑艳研究员作为子课题负责人组织课题实施，得到了甘肃省临洮县政府办、洮阳镇政府办和扶贫站等地方政府机构的大力支持，2017年5月至2018年7月先后三次赴老庄村开展社会调查工作，顺利完成了总课题规定任务及子课题专项研究，主要内容包括：（1）按照总课题组要求，完成61份《老庄村住户调查问卷》、1份《老庄村行政村调查问卷》的填写工作；（2）通过一对一的村民访谈，完成19份《老庄村气候变化与贫困脆弱性调查问卷》；（3）通过座谈会、实地考察与入户调研等多种社会调查方式，深入了解老庄村的贫困现状与突出问题，调研地方政府的精准扶贫工作机制、乐施会等社会组织扶贫项目在老庄村的具体进展与成效；（4）配合老庄村村委会、驻村帮扶干部，参与了两届"老庄村文化扶贫夏令营"，并邀请中央民族大学的中医专家赴临洮县老庄村开展"中医专家义诊活动"，先后为百余名求医问药的老庄村村民献爱心，同时促进山区村民了解气候变化与健康的科普知识。

课题组的工作离不开地方政府的大力支持。在此热忱致谢甘肃省定西市临洮县政府办公室为中国社会科学院课题组提供的调研支持！衷心感谢洮阳镇王书记、何镇长，扶贫站王晓燕站长，老庄村驻村扶贫干部杨亚丽主任、杨学文主任及马小龙、夏蕊，老庄村村支书岳勇及村委会等众多领导干部和同志对课题组的每一次调研活动给予的热情配合与鼎力协助！衷心感谢该项目官员胡玮、马雪丽，甘肃省农村能源协会顾东干事等合作伙伴热心推荐老庄村调研点并给予工作支持。衷心感谢中国保险协会的孟慧新博士友情参与老庄村的社会调查工作。感谢中国社会科学院城市发展与环境研究所的侯京林老师对于地方调研组织的热心指导。感谢中国社会科学院边疆研究中心的罗静博士无私分享调查问卷的数据整理与统计分析技术。特别值得一提的是，中央民族大学张万水医师不辞辛劳，利用暑期休假时间两度赶赴临洮县老庄村，与地方老中医一起，为老庄村村民开展义诊并免费送药下乡，总计义诊130余人次，受到村干部及村民的热情欢迎与尊敬，在此对义诊专家的无私奉献深表敬意！

感谢本书责任编辑陈颖老师的耐心与帮助，本书从2018年初开始撰写初稿（约7万字），历经城市发展与环境研究所、中国社会科学院两轮专家审评环节，不断修改、补充、更新资料，多次征求调研村及地方干部、项目合作方的意见和建议，成书后10余万字。其中，临洮县洮阳镇政府、老庄村村委会与甘肃省农村能源协会等为本书提供了非常有价值的扶贫工作材料，使得本书体现了老庄村精准扶贫精准脱贫的丰富成果与最新进展。本书提及的社会调查数据截至2016年底，老庄村脱贫工作的最新进展截至2019年9月底。

本书有幸定稿于新中国70周年大庆之际，从2016年9月底第一次走进老庄村，到本书付梓之时，正好历经三年时光。三年来，作者目睹老庄村经历了具体而微又实实在在的诸多新变化，难以一一细述。本书所展现的，只是从一个外部观察者、研究者的有限视角、有限时段，对老庄村的一个浮光掠影的记录。近年来地方各部门开展了方方面面细致严谨的扶贫工作，因时间、主题及篇幅所限，未能深入和详细述及。

课题组三度赴村调研，接触了上百位村民、数十位镇村干部，还有来自村庄和省内外的山村孩子、大学生志愿者、地方与国际扶贫发展机构，在短暂的时光里留下了许多美好而难忘的回忆。"人生若只如初见"，老庄村从遥远陌生之地到有朋在远方，平凡的人们总是给我们最多的感动。甘肃省临洮县是一个有着深厚历史文化底蕴的地方，目睹千年变迁仍静静流淌的美丽洮河，洮河两岸的乡村、古寺与姹紫嫣红的万亩牡丹园，绿树葱茏、清凉宜人的山村，被文化夏令营里的热闹歌舞打破宁静的村小旧址，仍历历在目，难以忘却。还记得许多质朴的村民，与我或我的父母辈同样的年纪，曾经听他们讲述过各自的幸福与不幸的故事，和山村孩子一样有着纯真的笑容，山村贫困与长年艰苦劳作在他们的面容与身体上留下了深深痕迹。更有生于斯长于斯，与那片土地血浓于水、与帮扶对象荣辱与共的一位位可爱又可敬的70后80后扶贫干部……在书中回顾并写下一段段调研文字之时，那一幕幕情景仍然鲜活生动，如在眼前。在此深深感谢并祝福所有为老庄村的幸福发展奉献过心力脑力体力的人们！

本书中涉及临洮县老庄村的大部分调研活动照片，如未说明均为笔者亲自拍摄。本书中如有错漏或不实之处皆由笔者负责。

郑　艳

2019 年 10 月 7 日于北京禧园

图书在版编目 (CIP) 数据

精准扶贫精准脱贫百村调研. 老庄村卷：欠发达地
区应对气候贫困挑战 / 郑艳, 林陈贞著. -- 北京：社
会科学文献出版社, 2020.6
　　ISBN 978-7-5201-3772-0

　　Ⅰ. ①精…　Ⅱ. ①郑…②林…　Ⅲ. ①农村-扶贫-
调查报告-临洮县　Ⅳ. ①F323.8

　　中国版本图书馆CIP数据核字（2018）第246009号

·精准扶贫精准脱贫百村调研丛书·
精准扶贫精准脱贫百村调研·老庄村卷
　　——欠发达地区应对气候贫困挑战

著　　者 / 郑　艳　林陈贞

出 版 人 / 谢寿光
组稿编辑 / 邓泳红　陈　颖
责任编辑 / 陈　颖
文稿编辑 / 朱子晔

出　　版 / 社会科学文献出版社·皮书出版分社（010）59367127
　　　　　　地址：北京市北三环中路甲29号院华龙大厦　邮编：100029
　　　　　　网址：www.ssap.com.cn
发　　行 / 市场营销中心（010）59367081　59367083
印　　装 / 三河市尚艺印装有限公司

规　　格 / 开　本：787mm×1092mm 1/16
　　　　　　印　张：18　字　数：174千字
版　　次 / 2020年6月第1版　2020年6月第1次印刷
书　　号 / ISBN 978-7-5201-3772-0
定　　价 / 59.00元

本书如有印装质量问题，请与读者服务中心（010-59367028）联系